ÉRIC GASPAR

Explose ton score au collège !

Le cerveau et ses astuces... Réussir, c'est facile !

Belin

8, rue Férou 75278 Paris cedex 06
www.editions-belin.com

« À mes parents, mon frère, Nadège. Que j'aimerai toujours.
Un immense merci aux Éditions Belin pour leur confiance. »

ISBN 978-2-7011-9363-2

Avant-propos

Je suis professeur de mathématiques depuis 25 ans. Passionné de trouvailles méthodologiques pour aider les élèves, je tombe un jour sur ces lignes dans un article de neurosciences :

« 50 % des adultes ou des adolescents, pensent que l'intelligence est une donnée innée, acquise à la naissance, et que durant toute notre vie, chacun fait avec ce dont il a hérité. Ce qui est un non-sens scientifique total de par la seule notion de plasticité cérébrale, c'est-à-dire la capacité que possède le cerveau de se transformer tout au long de la vie et tout au long d'une même journée (!), en fonction des stimulations rencontrées. Nous n'avons pas le même cerveau ce matin qu'hier soir !
Comment alors s'étonner, que les efforts des parents et des enseignants, se heurtent à un mur invisible mais massif si leurs enfants (élèves) pensent que tout est déjà joué et qu'il est stérile (et fatigant) de s'investir ? Alors que le cerveau utilise des astuces pour enregistrer facilement des informations et apporte ainsi le plaisir d'apprendre et surtout de réussir !
La question est donc désormais : "pourquoi n'informons-nous pas les élèves de ces astuces ?" »

À la lecture de cet article, je décide de créer le programme de neuroéducation Neurosup (mariage des découvertes en neurosciences et des sciences de l'éducation) afin de former les professeurs qui à leur tour forment leurs élèves. Succès immédiat et d'ampleur nationale. En 5 ans, du primaire à l'université, 350 classes soit environ 10 000 élèves portent le programme Neurosup partout en France (http://www.neurosup.fr). Et ce n'est que le début...

Aujourd'hui, grâce aux Éditions Belin, toujours à la pointe de tout ce qui peut aider les élèves de notre temps, concrètement et sans attendre, vous tenez entre les mains les astuces du cerveau qui font de l'école un lieu de plaisir et de réussite pour tous.

Éric Gaspar

Sommaire

Introduction

Le cerveau fascine, demeure encore mystérieux, même si on en connaît mieux le fonctionnement. Grâce aux progrès de l'imagerie médicale de ces 20 dernières années (technique de l'IRMf notamment), on peut voir quelles zones du cerveau s'activent quand on pense ou fait quelque chose. Cependant, quand on dit que l'on peut voir le cerveau penser, cela ne signifie pas que l'on sait à quoi il pense ! Pas encore, en tout cas...

Voici déjà le trajet simplifié des informations, quand le cerveau veut en stocker. Comme tu peux le voir, il y a des pertes d'informations à chaque étape, à chaque fois que l'on passe d'une *mémoire* à l'autre... Ah oui, car il faut que je te dise aussi qu'en neurosciences, il est plus juste de parler *des mémoires* que de *la mémoire*.

En effet, les neurones sont organisés en assemblées principalement dédiées à une tâche (entendre un mot, faire un calcul, etc.). Et ce qu'on appelle « mémoires » correspond justement à certaines de ces assemblées, qui communiquent entre elles. On peut les classer de multiples manières. Par exemple, en fonction de la tâche qu'elles sont chargées d'effectuer, ou alors par la capacité qu'elles nous offrent d'expliquer (ou non) verbalement ce que l'on sait faire, comment on le fait, etc.

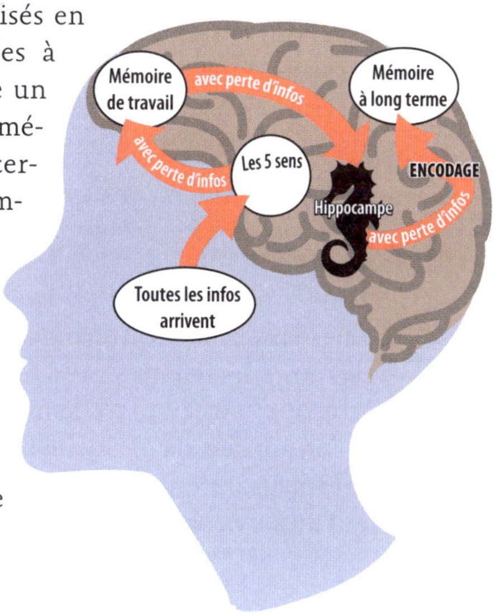

Comment fonctionne le cerveau ?

Dans ce livre, on retiendra la classification par durée de stockage des informations :

– la **mémoire sensorielle** (qui reçoit les informations des 5 sens, et les stocke pendant moins d'une seconde),
– la **mémoire de travail** (qui peut stocker les informations durant quelques secondes à quelques minutes ; elle va beaucoup les travailler),
– et la **mémoire à long terme** (qui peut stocker les informations jusqu'à des années).

Toutes les informations sont codées par des réseaux de neurones. Y compris la connaissance de ce qu'est une simple pomme par exemple ! Les réseaux de neurones étant reliés entre eux, cela explique pourquoi lorsque nous pensons à quelque chose, tout de suite nous pensons à autre chose parfois sans rapport évident pour quelqu'un d'autre : on parle alors dans le langage courant d' « associations d'idées ».

Comprendre et retenir sont deux choses différentes. Certes, les recherches montrent que comprendre permet de mémoriser plus facilement et, qu'à l'inverse, avoir mémorisé certaines informations sert à mieux saisir leurs nuances ou à comprendre de nouvelles informations (c'est ce qu'on appelle « avoir des bases »). Mais il suffit, par exemple, que l'on nous donne 30 noms de fruits et que l'on nous demande de les répéter juste après, pour constater qu'effectivement, on a compris (un nom de fruit c'est facile à comprendre !) et pourtant, on n'a pas tout mémorisé. Au collège, il faudra donc non seulement être attentif à comprendre mais aussi à mémoriser.

À chaque instant de notre vie, notre cerveau change son architecture interne en fonction des stimulations rencontrées. Comme une maison, dont on changerait, à chaque minute, les meubles, la couleur des murs, les fenêtres, etc. Du bébé jusqu'à la personne âgée, personne n'a le même cerveau entre le matin et le soir d'une même journée ! C'est ce qu'on appelle « la plasticité cérébrale ». Le cerveau efface ainsi autant des informations qui ne lui servent pas ou plus, qu'il en enregistre d'autres qui lui serviront plus tard.

Enfin, le cerveau est comme un muscle, qu'il s'agit d'entraîner ! Plus on fera d'allers-retours entre la mémoire à long terme et la mémoire de travail, et mieux on mémorisera. Le cerveau n'est pas un disque dur où un fichier, une fois enregistré, ne va plus s'effacer sauf si on le souhaite. Pour le cerveau, chaque connaissance s'apparente plutôt à un chemin de randonnée (le réseau de neurones qui la code) : plus il est emprunté souvent et plus il se creuse, devient solide et permet de l'emprunter à grande vitesse. Il ne disparaîtra pas à la première pluie ou parce que personne ne l'aura emprunté pendant une semaine. Par contre, si on ne l'emprunte pas assez souvent, les hautes herbes recouvrent le chemin, ce qui se matérialise pour le cerveau par des connexions neuronales qui s'affaiblissent, s'affinent et disparaissent. C'est l'oubli.

Rien n'est joué à la naissance, il n'y a pas de fatalité, il n'y a pas les « intelligents » et les « limités », **tout le monde peut améliorer sa capacité d'apprentissage** ! Grâce à la plasticité cérébrale, nous pouvons dire adieu aux mythes du fatalisme, du déterminisme, du « je suis matheux ou littéraire », du « je suis nul en anglais comme mes parents l'étaient », « des progrès oui mais dans 3 ans, c'est trop long ! », etc. Tout est question de stimulations rencontrées, ou provoquées par nous-mêmes. *Yes we can*, comme dirait Barack Obama...
Alors si un jour vous doutez de vous-même, ou que quelqu'un vous fait douter de vous-même, rappelez-vous de l'existence de la plasticité cérébrale... Et n'hésitez pas alors à vous dire : « eh bien, j'y vais quand même et je sais que mon cerveau va me dire "d'accord je te suis !"... ». Vous verrez alors qu'il le fait immédiatement...

Je veux enfin retenir plus facilement !

Comment mieux stocker l'information

1. J'améliore mon attention
2. Je regroupe les informations ou mes connaissances
3. Je me sers de comparaisons pour mieux retenir
4. Autres astuces pour mieux retenir

1 J'améliore mon attention

Paroles d'élèves

C'est vrai, je parle souvent en cours avec mes voisins mais j'écoute le prof en même temps.

Je n'arrive pas à être concentré longtemps sur la même chose, ça me fatigue.

J'ai hâte que le cours se termine, alors je regarde toujours ma montre.

Quand le prof dit quelque chose, ça me fait penser à autre chose et je perds le fil de l'histoire.

Je trouve trop dur ce que le prof me demande alors je ne commence pas tout de suite et je discute avec mes voisins.

Paroles de parents

Moi je demande à ma fille qui entre en 6e de bien écouter tous les profs et de ne pas parler avec ses voisins, mais je sais que ce ne sera pas toujours possible ; d'ailleurs, moi-même quand j'étais à l'école, je n'étais pas toujours attentive et ça ne m'a pas empêchée de réussir mes études et ma vie.

Moi je dis à mon fils de 11 ans que savoir être attentif, ça lui servira pendant toute sa vie, à commencer par les situations où il devra conduire une voiture et où l'inattention peut conduire à de graves accidents.
Alors ce serait bien qu'il commence à s'entraîner à être attentif à l'école !!

Objectif

Je veux avoir plus d'attention

Souvent, quand un professeur demande « un peu d'attention s'il vous plaît », les élèves traduisent par « taisez-vous s'il vous plaît ». C'est effectivement nécessaire car le cerveau parvient, très, très difficilement, à **partager son attention dans deux tâches de même nature** (comme écouter le professeur et le voisin de table en même temps). Mais ce n'est pas suffisant. Ce n'est pas parce que l'on se tait que l'on est en posture d'attention.

Être attentif est un véritable art. Il demande de savoir :

– **que l'attention est fluctuante** d'un moment à l'autre, de par les pensées qui peuvent nous envahir à tout moment,

– **qu'il existe plusieurs sortes d'attention**, selon que l'on surveille son bébé pendant que l'on range des papiers (état appelé « vigilance »), ou que l'on veut écouter une seule personne lors d'une soirée (état appelé « attention sélective »), ou que l'on veut écouter la personne en question mais aussi les potins dits par une autre personne un mètre plus loin (état appelé « attention partagée »), ou que l'on est carrément absorbé par une personne ou une situation (état appelé « concentration »),

– **qu'il est fatigant de rester attentif**, quelle que soit la sorte d'attention, que ce n'est pas de notre faute si l'on décroche MAIS que l'astuce est de savoir revenir très vite à un état d'attention dès que l'on sent que l'on est inattentif.

Bref, être attentif, c'est déjà savoir pour quelle tâche on doit être « ouvert aux informations arrivant » (est-ce pour mémoriser ? Parce qu'on va nous interroger après ? Etc.), puis se couper à cet instant des interférences parasites (voisins qui bavardent). Si les interférences arrivent quand même, on peut encore dire stop à cet instant (ex : répondre très rapidement à son voisin en lui faisant comprendre que l'on veut écouter).

Et enfin, gérer sa « fatigue de l'attention » en sachant très vite si (par exemple) une attention sélective suffit au lieu d'opter pour la concentration (lorsque le professeur ajoute des exemples à ce qu'il a dit plus tôt), ou le contraire (si le professeur parle de quelque chose de nouveau et classé important par lui). Bref, vous changez la disposition des voiles de votre bateau, en fonction des changements de vent...!

Le test

Tu as une méchante grippe, tu te sens très fatigué et fiévreux, et tu entres dans cette salle d'attente du médecin pour le consulter. Regarde bien cette image pendant 30 secondes puis cache-la avec ta main… Voyons à quoi ton cerveau a prêté attention ou n'a pas prêté attention… Pour cela, sans regarder l'image à nouveau, réponds aux questions suivantes :

1. *Y avait-il des personnes dans la salle ?*

- Combien ?
- Combien de femmes ?
- Combien d'hommes ?
- Combien d'enfants ?
- Combien de personnes étaient assises ?
- Combien de personnes étaient debout ?

2. *Y avait-il des chaises encore libres ?*

- Combien ?
- Toutes les chaises étaient-elles de la même couleur ?
- De quelle couleur était le pot dans lequel il y avait le petit arbre ?

3. *De quelle couleur étaient les murs ?*

- Y avait-il quelque chose accroché au mur ?

4. *Que faisait chacune des personnes en attendant leur tour ?*

- Quelle était leur couleur de cheveux ?
- Combien avaient les cheveux courts ?
- Combien portaient des manteaux ?

Maintenant, regarde à nouveau l'image et compte le nombre de réponses auxquelles tu as pu répondre sur les 17 questions qui étaient posées.

- Combien as-tu de bonnes réponses ? 7 ? 8 ? 9… ? Un peu plus ? Un peu moins ?
- En tout cas, ça ne fait pas beaucoup sur les 17, n'est-ce pas… ?!

L'explication neuroscientifique

- **Contraintement à ce que beaucoup de gens pensent, l'attention est une donnée limitée**. Le cerveau ne peut pas traiter toutes les informations qui lui parviennent ; sinon nous serions morts d'épuisement énergétique. À chaque instant, le cerveau fait donc un choix en privilégiant une cible principale. On ne peut donc pas être attentif à tout, et encore moins avec un même niveau de profondeur.
  Dans le petit test que tu viens de passer, ton cerveau a pourtant bien vu tous les détails sur lesquels portaient les questions, mais il a décidé d'en traiter très peu « avec attention » (c'est-à-dire, pour simplifier : « de s'y attarder »). Or, **pour mémoriser une information, le cerveau a besoin de lui « prêter attention »**, ne serait-ce que pendant un temps très court. Sinon, elle est déjà perdue.

- **Parfois nous n'avons aucun effort à faire, car l'information qui est devant nous, est suffisamment étonnante ou nouvelle**, et le cerveau est très fort pour détecter immédiatement ce qui n'est pas habituel. Par exemple, si dans le dessin de la salle d'attente du médecin, on avait mis un kangourou qui attendait son tour, tu l'aurais remarqué tout de suite ! Car trop inhabituel pour une salle d'attente.

- **Parfois il faut décider nous-mêmes, volontairement, de prêter attention** pour être sûr que l'information sera traitée. Ce cas arrive évidemment d'autant plus facilement que l'on est motivé ou que l'on connaît à l'avance la question (et donc que l'on sait à quoi prêter attention dès les premiers dixièmes de seconde).

- **Dans ce livre, il faudra que tu « prêtes attention »** lors de tous les tests. En prêtant attention au fil des pages à l'ensemble des activités qui suivent, tu **seras convaincu(e) de l'efficacité de ces astuces méthodologiques qui utilisent alternativement l'attention volontaire et l'attention involontaire…**

Je m'entraîne

J'apprends à me concentrer

L'habitude de lecture, issue d'internet, est de parcourir un document rapidement et seulement dans sa globalité. C'est pourquoi, de retour à l'école où l'on demande de faire attention à des détails, les erreurs sont nombreuses car le cerveau a pris de mauvaises habitudes. Voici trois exemples où il faut faire attention aux détails (et donc se concentrer) pour donner la bonne réponse.

1 Le jeu des 7 erreurs

En te concentrant sur les détails de ces deux images, trouve les 7 différences qu'elles possèdent.

2 Les conquêtes de César

En te concentrant sur les détails de ce texte, trouve la réponse aux trois questions posées (attention, il y a des pièges !) :

« En 49 avant J.-C., après sa conquête de la Gaule, César rentre en Italie, avec ses légions, mais se heurte au consul Pompée, soutenu par le Sénat, et déclenche une guerre civile.

César, qui de bonne heure avait eu le projet d'éliminer tous ses rivaux, avait fait comme un athlète qui va se préparer loin de l'arène où il doit combattre. Il s'était éloigné de Rome et avec la conquête de la Gaule, il avait endurci son armée, augmenté sa gloire et égalé les exploits de Pompée.

Lorsqu'il fut sur les bords du Rubicon, fleuve qui sépare la Gaule cisalpine du reste de l'Italie, il s'arrêta et réfléchit, pesa le pour et le contre. Enfin, il déclara: *Alea Jacta Est*! ("le sort en est jeté!") et franchit le Rubicon. Pompée était supérieur à César par le nombre de ses troupes, mais suite à de fausses nouvelles et à la peur qu'elles lui inspiraient, il abandonna la ville. Il ordonna au Sénat et à tous ceux qui préféraient la liberté à la tyrannie de le suivre.»

D'après Plutarque, *Vies parallèles*, vers 100 après J.-C.

1. César avait plus de soldats que Pompée.

a. Oui b. Non c. On ne le sait pas.

2. En plus d'être un chef de guerre, César était sportif comme un athlète.

a. Oui b. Non c. On ne le sait pas.

3. César avait déjà conquis la Gaule avant de s'attaquer à Pompée.

a. Oui b. Non c. On ne le sait pas.

3 Le tube à essai

Le professeur a dit à ses élèves d'aller regarder à quel niveau se situe le liquide dans le tube à essai. Quatre élèves A, B, C et D se précipitent vers le tube et proposent tous un résultat différent.

D'après toi, quel est celui qui détient le bon résultat? Et pourquoi?

Je me mets dans la peau d'un journaliste

l'astuce du « jeu de rôle »

• J'écoute en me **mettant mentalement dans la peau de quelqu'un** qui devrait retenir dans le but de le répéter à quelqu'un d'autre après (exemple : se sentir intérieurement comme si on était journaliste ou délégué d'un groupe).

• Ce **« jeu de rôle d'utilité »** suffit à leurrer le cerveau pour lui faire passer le message qui évite l'effacement.

• **Essaie pendant 30 secondes**, juste pour voir, et tu sentiras déjà la différence de concentration qui en résulte.

Je m'entraîne au mono-tâche

• Quand tu relis ta copie avant de la rendre au professeur lors d'un devoir, ne la relis pas « globalement » comme d'habitude (là tu es en « multitâches » et des tas de choses t'échappent forcément) mais relis-la en plusieurs étapes (ou filtres).

• **Par exemple, en mathématiques :**

1 : vérifie d'abord la méthode et rien que la méthode (1er filtre) ;
2 : vérifie maintenant le vocabulaire et rien que le vocabulaire (2e filtre) ;
3 : vérifie les calculs et rien que les calculs (3e filtre).

• **En rédaction :**

1 : vérifie la concordance des temps (1er filtre) ;
2 : vérifie les conjugaisons (2e filtre) ;
3 : puis vérifie l'accord des participes passés (3e filtre) ;
4 : vérifie les marques du pluriel et les accords des adjectifs (4e filtre).

• **Tu peux faire « tes propres listes de vérifications »** : si tu oublies toujours les accords du participe passé placé avant le verbe, tu feras une relecture ciblée spécifiquement sur la vérification de l'accord des participes passés.

Je me concentre en utilisant l'astuce du « floutage » par le cerveau

- Une fois que la cible de son attention est choisie par le cerveau, le reste passe en arrière plan. Il est toujours présent mais en plus flou (comme la notion de « profondeur de champ » en photo).

- Donc même en cas de classe bruyante derrière toi, regarde bien le prof et ses lèvres, et ton cerveau fera reculer le bruit des autres en arrière plan. Ce sera toujours plus pénible qu'une classe calme mais tu tireras ton épingle du jeu...

- Cette technique de floutage marche autant pour ce que l'on voit que pour ce que l'on entend.

- Par exemple, si tu focalises ton attention sur la partie noire du dessin ci-contre, tu devrais voir un vase, alors que si ton cerveau est concentré sur la partie blanche, tu vois deux personnes de profil qui se font face.

Je fais preuve de flexibilité

- **La flexibilité attentionnelle est la capacité à passer d'un type d'attention à un autre type d'attention :** en changeant de cible (que ce soit la compréhension globale, la compréhension des détails, l'exécution de la tâche, l'instant de décompression, etc.) et en changeant d'éléments qui viennent interférer avec la tâche.

- Donc en cours, si tu sens que cela fait trop longtemps (en minutes) que tu es dans le même type d'attention (bavardage avec le voisin, ou dans la lune, ou trop sur les détails de ce qui est dit, ou pas assez dans les détails de ce qui est dit), change volontairement de type d'attention pour ne pas fatiguer et être efficace. Puis re-change quelques minutes après, etc.

Comme dans un match ou une autre épreuve sportive.

2 Je regroupe les informations ou mes connaissances

Paroles d'élèves

Il y a beaucoup trop de choses à apprendre.

Même en écoutant, il m'arrive de faire répéter la consigne par mon professeur.

Je n'arrive pas à écrire un cours et l'écouter en même temps.

Parfois j'écris des phrases où il manque des mots.

Quand je lis l'énoncé d'un exercice, j'ai toujours l'impression qu'il y a trop de choses à lire et à retenir.

Paroles de parents

Même à la maison, je vois bien que si j'envoie mon fils faire quelques courses au supermarché d'à côté, il revient en en oubliant la moitié si je ne l'oblige pas à écrire toute la liste sur un papier.

Chaque soir, je m'assure qu'il a bien noté dans son agenda tous les devoirs qu'il avait à faire, car avant cela, j'avais l'impression qu'on ne leur donnait jamais de devoirs.

Objectif

Je ne veux pas oublier ce qu'on vient de me dire et je veux pouvoir accueillir plusieurs choses en même temps

- **L'inattention de l'élève est souvent le point de départ de ces problèmes**, bien sûr. Mais tout aussi souvent (voire plus souvent encore), on s'aperçoit que lorsque le cerveau «entend» des informations qui lui paraissent inutiles ou en trop grand nombre, il en efface. Oui, on les comprend, oui on y pense pendant quelques instants, mais quelques instants après... hop, on les oublie.

- **C'est le fonctionnement normal de ce que l'on appelle la mémoire de travail.** En fait, l'une des grandes leçons des avancées en neurosciences de ces dernières années, est qu'il faut sortir de la fausse image du cerveau qui ressemblerait à un ordinateur, qui ne fait qu'enregistrer et où aucun fichier ne s'effacerait sans qu'on le lui demande explicitement. Non, **le cerveau (et en particulier la mémoire de travail) est autant fait pour enregistrer des informations que pour les effacer**. Et il fait ça très vite, et sans que l'on en ait conscience (sauf quand on a besoin finalement de l'information entendue et que l'on s'aperçoit que l'on ne s'en souvient plus !).

- **Mais celui qui ne sait pas** que le cerveau passe son temps à effacer des données ne se méfiera jamais et ne comprendra jamais d'où ses difficultés viennent. Et surtout, il ne saura pas qu'il existe des astuces pour contourner ce phénomène. Comme celle qui consiste à regrouper des informations pour en faire un «tout» global, une unité. Une seule scène qu'on peut visualiser. Une seule phrase. Etc.
  Il est bien plus difficile d'oublier ce qu'on nous a dit lorsque l'on nous a dit une seule phrase, n'est-ce pas...?!

Le test

Première partie

4 – 7 – 1
3 – 2 – 8 – 5 – 4 – 1
7 – 4 – 0 – 6 – 3 – 1 – 8 – 5 – 9
7 – 0 – 3 – 8 – 0 – 2 – 1 – 8 – 4 – 5 – 9 – 6
6 – 2 – 5 – 1 – 4 – 3 – 9 – 2 – 1 – 1 – 0 – 4 – 8 – 7 – 1

1re étape : quelqu'un te lit lentement la première ligne de chiffres. Laisse environ 10 secondes s'écouler. Puis tu dois la répéter dans l'ordre.

2e étape : si tu as tout juste, il doit maintenant te lire lentement la deuxième ligne et tu dois aussi la répéter dans l'ordre, 10 secondes après.
Et ainsi de suite, jusqu'à ce que tu n'y arrives plus !

Deuxième partie

471
328 – 541
740 – 631 – 859
703 – 802 – 184 – 596
625 – 143 – 921 – 104 - 871

1re étape : quelqu'un te lit lentement la première ligne de nombres (il n'y a donc qu'un seul nombre : 471).
Laisse environ 10 secondes s'écouler. Puis tu dois le répéter.

2e étape : si tu as tout juste, il doit maintenant te lire lentement la deuxième ligne de nombres et tu dois aussi la répéter 10 secondes après, dans l'ordre où sont écrits les nombres.
Et ainsi de suite, jusqu'à ce que tu n'y arrives plus !

Troisième partie

- Répète les deux nombres : 328 – 541.
- Répète maintenant les six chiffres qui sont dans ces deux nombres (réponse : 3 – 2 – 8 – 5 – 4 – 1).

- Combien avais-tu réussi à répéter de chiffres dans la 1re partie ? Cinq ? Six ? Sept ? Plus ?
- Et dans la 2e partie, si tu comptes les chiffres qui composent les nombres (exemple : dans le nombre 471 il y a trois chiffres), combien avais-tu réussi à répéter de chiffres ? Plus que dans la 1re partie, n'est-ce pas ?!
- Et dans la 3e partie, tu as bien réussi à restituer tous les chiffres (3 – 2 – 8 – 5 – 4 – 1) des deux nombres (328 et 541), n'est-ce pas ? Et sans gros effort en plus !

Eh bien bravo !

Tu as réussi à dépasser tes limites en utilisant une astuce du cerveau !

Laquelle ? Celle qui consiste à regrouper les informations, pour faire croire au cerveau qu'il y en a moins !

L'explication neuroscientifique

➪ **Dans le cerveau, les cellules les plus connues s'appellent les neurones**. Nous en avons en moyenne 100 milliards, et chacun d'entre eux peut être connecté avec 10 000 autres. Créant ainsi de gigantesques réseaux (comme les réseaux autoroutiers) où les neurones communiquent les uns avec les autres et se transmettent les informations (grâce à l'électricité et à la chimie).

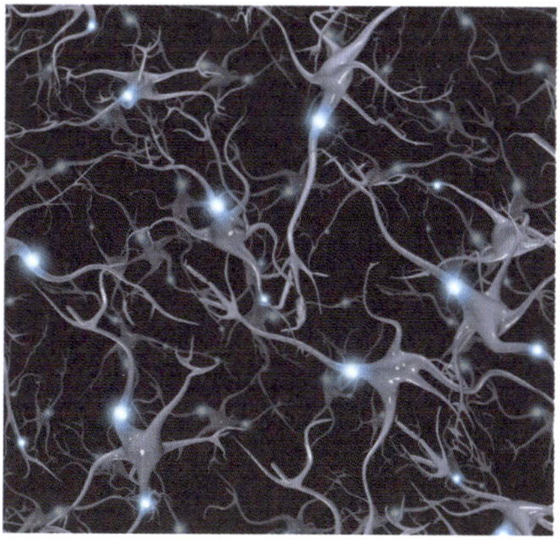

➪ **Certains de ces réseaux** forment ce que l'on appelle « la mémoire de travail ». Ces neurones ont pour fonction d'accueillir les informations que notre attention (volontaire ou involontaire) aura retenues et de savoir ce que nous allons en faire :
– les éliminer car jugées inutiles par cette mémoire de travail,
– ou les garder pour les utiliser, après les avoir comparées et mises en relation avec ce que nous savions déjà de la vie.

➪ **Malheureusement**, à l'âge adolescent ou adulte, la mémoire de travail ne peut accueillir que 5 à 9 informations simultanément (quand on est jeune enfant, c'est encore moins). Au-delà, elle va **effacer certaines informations pour faire de la place**. Et on ne peut pas savoir à l'avance quelles vont être les informations « victimes » de l'effacement (qu'elles soient utiles ou non)… ! Mais **pour le cerveau, ce qui compte à ce moment-là, c'est le nombre d'informations ayant une signification** (on appelle alors cela un « item »). Par exemple, 1967 est considéré comme un item (car peut représenter une date de naissance ou tout simplement le nombre 1967). Au contraire de 1 – 9 – 6 – 7 qui est considéré comme 4 items.

- **L'astuce consiste donc à regrouper des informations pour en faire des paquets** (en anglais, on appelle cela des « chunks ») et ainsi faire croire à notre cerveau qu'il y en a moins à traiter. Du coup, il en efface moins aussi parmi celles que l'on voulait retenir !
  En neurosciences, le fait de rassembler des informations par paquets, par segments, s'appelle « le tronçonnage ». Un peu comme un train, plusieurs wagons y sont regroupés pour être tirés tous ensemble par une seule locomotive, chaque wagon étant alors un « tronçon ».

- **Nous le faisons déjà instinctivement** (sans le savoir) dans notre vie de tous les jours. Par exemple, amateur de football, quand tu dis « toute l'équipe du Brésil a bien joué », cela signifie que tous les joueurs de l'équipe ont bien joué et tu n'as pas besoin de citer le nom des 11 joueurs ou plus qui ont joué. Tu as ainsi gagné de la place dans ta mémoire de travail et c'est grâce à cela que tu peux rajouter au même moment autre chose que tu as envie de dire.

- **D'après les recherches, il n'est pas possible d'augmenter la taille maximale de notre mémoire de travail.** Ce qui est bien dommage car il est désormais prouvé que de nombreuses difficultés scolaires ont pour origine une mauvaise utilisation de cette mémoire de travail, d'autant plus si elle est faible au départ : comme l'oubli d'une consigne donnée, la difficulté à donner du sens à un texte quand il est un peu long, l'égarement fréquent d'objets, etc.

- **Par contre,** il est possible et donc très important de **gérer au mieux les capacités de notre mémoire de travail, grâce à des méthodes et astuces**. Comme celle du regroupement d'informations, que l'on va maintenant décliner en petits exercices utiles en milieu scolaire !

Je m'entraîne

Je fais des colonnes

UTILE DANS TOUTES LES MATIÈRES

Voici une liste de 16 mots à apprendre :
fraise – tennis – pomme – Allemagne – eau – France – football – poire – vin – café – Japon – rugby – volley – jus d'orange – banane – Espagne.

Ça fait beaucoup n'est-ce pas ?!! Alors utilisons l'astuce du regroupement par colonnes.

▶ **Étape 1 :** sur une feuille, écris ces mots dans 4 colonnes (par exemple : une colonne pour les fruits ; une pour les sports ; une pour les pays ; une pour les boissons).

▶ **Étape 2 :** pendant environ une minute, regarde ces 4 colonnes et essaie de mémoriser tous les mots qui s'y trouvent.

▶ **Étape 3 :** retourne alors la feuille de papier et écris tous les mots dont tu te souviens (dans l'ordre que tu veux).

Alors... ? Tu en as retrouvé combien ? 14 ? 15 ? tous ? Bravo ! Pas de doute cette astuce marche bien avec ton cerveau ! Car pour lui, il y avait 4 grosses informations (les 4 colonnes) et non 16 !

J'invente une phrase, appelée acronyme

1 Les planètes du système solaire

Voici à apprendre, ici en SVT, le nom des planètes du système solaire, de la plus proche du soleil à la plus éloignée (donc dans cet ordre) :

Là il y en a huit. C'est beaucoup moins de mots à retenir qu'à l'exercice précédent mais cette fois, il faut les dire dans l'ordre, ce qui augmente la difficulté. Alors utilisons l'astuce du regroupement par phrase !

▶ Méthode

- Tu prends les initiales de chacun des mots à retenir et tu fais une phrase qui comporte autant de mots, et qui commencent par les mêmes lettres que les mots que tu as à retenir.

Cela s'appelle un « acronyme ».

- Les initiales ici sont : M – V – T – M – J– S– U – N.

On peut donc inventer par exemple la phrase suivante :

Me – Voici – Toute – Magnifique – Je – Suis – Une – Nymphe.

- Maintenant, à toi d'en trouver une autre :

M.................. – V.................. – T.................. – M.................. – J.................. –
S.................. – U.................. – N.................. .

- Vérifie maintenant que grâce à la phrase que tu as inventée, tu es capable de redonner le nom des planètes dans l'ordre !

Alors... ? Tu les as toutes retrouvées ? Bravo ! Pas de doute cette astuce marche bien avec ton cerveau ! Car pour lui, il n'y avait alors qu'une seule information : la phrase. Et non huit !

② Les pays d'Amérique centrale

Utilise la même méthode pour retenir, ici en géographie, les 7 pays d'Amérique centrale : Panama, Honduras, Guatemala, Costa Rica, Bélize, Salvador, Nicaragua.

Remarque : ici, l'ordre des pays n'a pas d'importance, donc tu commences par les pays (et donc les initiales) que tu veux. Laisse ton imagination s'exprimer !

.... – .... – .... – .... –

.... – .... – ....

Alors… ? Là encore, tu les as tous retrouvés ? Bravo !

Je cherche des points communs dans ce que j'ai déjà vu écrit en cours

1 Figures géométriques

UTILE DANS TOUTES LES MATIÈRES

Voici à apprendre, ici en mathématiques, les formules pour calculer l'aire des cinq figures géométriques classiques, écrites exactement telles qu'elles figurent dans un manuel de collège. On dirait qu'il y en a cinq différentes, n'est-ce pas ?! Et pourtant, nous allons pouvoir les regrouper selon leurs points communs…

$\text{Aire}_{\text{carré}} = \text{côté} \times \text{côté}$;

$\text{Aire}_{\text{rectangle}} = \text{longueur} \times \text{largeur}$;

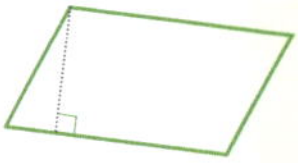

$\text{Aire}_{\text{parallélogramme}} = \text{base} \times \text{hauteur}$;

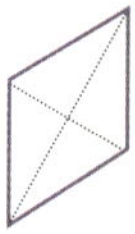

$$\text{Aire}_{\text{losange}} = \frac{\text{petite diagonale} \times \text{grande diagonale}}{2}$$

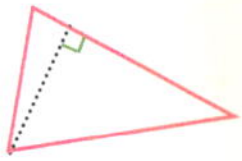

$$\text{Aire}_{\text{triangle}} = \frac{\text{base} \times \text{hauteur}}{2}$$

1. Répartis les noms de ces figures géométriques dans les deux groupes suivants :

La formule de l'aire ne comporte qu'une multiplication.	La formule de l'aire comporte une multiplication et une division par 2.
…………………………	…………………………
…………………………	…………………………
…………………………	

2. Sur chacune des figures vierges suivantes, indique quel côté joue le rôle de *a* et quel côté joue le rôle de *b* :

3. Sans regarder la page précédente, dans chacun de ces cas, dis maintenant par quels mots de vocabulaire (ou notations) on a l'habitude de désigner *a* et *b* (« longueur, largeur, base, hauteur, côté, petite diagonale, grande diagonale »).

4. À présent, sur une feuille, mets tout ce que tu viens de mémoriser : la figure et sa formule.

Alors… ? Tu en as retrouvé facilement combien ? 3 ? 4 ? Toutes ? Bravo ! Pas de doute cette astuce marche bien avec ton cerveau ! Car pour lui, cela ne faisait que deux catégories de formules. Et non 5 !

2 Déclinaisons

UTILE EN ANGLAIS

Au collège, on doit progressivement apprendre la déclinaison (infinitif-preterit-participe passé) de plusieurs des verbes irréguliers anglais. Il y en a vraiment beaucoup, donc ici pas question de tous les apprendre en une seule fois. Mais on peut déjà voir qu'il y a des regroupements à faire pour se faciliter la tâche...

Liste alphabétique proposée	
become – became – become	learn – learnt – learnt
bring – brought – brought	leave – left – left
build – built – built	let – let – let
burn – burnt – burnt	lose – lost – lost
buy – bought – bought	make – made – made
catch – caught – caught	meet – met – met
come – came – come	pay – paid – paid
cost – cost – cost	put – put – put
cut – cut – cut	quit – quit – quit
dream – dreamnt – dreamnt	run – ran – run
feed – fed – fed	say – said – said
feel – felt – felt	sell – sold – sold
fight – fought – fought	send – sent – sent
find –found – found	set – set – set
get – got – got	shine – shone – shone
have – had – had	shoot – shot – shot
hear – heard – heard	shut – shut – shut
hit – hit – hit	sleep – slept – slept
hurt – hurt – hurt	smell – smelt – smelt
keep – kept – kept	win – won – won

Répartis ces verbes dans les trois catégories suivantes :

Inf–pre–part	**Inf–pre–part**	**Inf–pre–part**
become – became – become ...	cost – cost – cost ...	bring – brought – brought ...

Tu peux remarquer que :
- dans la 1re catégorie, l'infinitif et le participe passé sont les mêmes,
- dans la 2e catégorie, l'infinitif, le preterit et le participe passé sont les mêmes,
- dans la 3e catégorie, le preterit et le participe passé sont les mêmes.

Étape 1 : commence par trouver les mots qui vont dans la 1re catégorie. Mémorise-les. Puis, sur une feuille, réécris-les sans regarder le livre.

Trouve maintenant les mots de la 2e catégorie ; puis sur une feuille, réécris-les.

Sur une autre feuille, réécris maintenant les mots de ces deux premières catégories. Combien as-tu réussi à en retrouver ? 5 ? Plus ? Bravo !

Étape 2 : sur une feuille, de la même manière, fais de ton mieux avec la 3e catégorie ! En quelques minutes, c'est pas mal, n'est-ce pas ?

3 Je me sers de comparaisons pour mieux retenir

Paroles d'élèves

Je ne vais quand même pas faire tous les exercices du livre !

De toute façon, soit on est matheux, soit on ne l'est pas. Moi je ne le suis pas, c'est tout.

Je fais toujours les mêmes erreurs, pourtant je comprends quand on corrige.

Les exemples, ce n'est pas important.

J'apprends par cœur les exercices de maths que l'on a faits en cours, et pourtant lors des devoirs en classe, je n'ai que des mauvaises notes.

Paroles de parents

Lors d'un contrôle, elle perd un temps fou à réfléchir comme au premier jour de la leçon.

En maths, il suffit que l'on change d'énoncé, et il ne voit pas que c'est le même exercice que celui d'avant... C'est fou, ça !

Il n'a pas de réflexe dans les matières scientifiques.

Il fait toujours la même erreur, pourtant quand je l'interroge, il a compris.

Objectif

Je veux reconnaître les points communs entre deux exercices

De très nombreux élèves ont une vision des connaissances plus proches des « savoirs » que des « savoirs-faire ». Du coup, ils pensent en toute bonne foi avoir fait le travail d'apprentissage quand ils ont retenu par cœur des exercices ou des phrases vus en classe. Or, bien entendu, sauf exception, l'enseignant choisira, pour le contrôle, des exercices qui pour lui, font intervenir le même « savoir-faire ». Et pour que cela ne soit pas un exercice de récitation, il modifiera l'énoncé, le contexte, etc. Comme dans de très nombreuses situations de la vie quotidienne, y compris connues des élèves eux-mêmes.

Par exemple, ce n'est pas parce que l'on connaît par cœur les règles du football que l'on est un bon joueur. Par ailleurs, aucun match ne sera exactement identique au précédent ni au suivant. C'est par la capacité à transférer dans un nouveau match l'expérience que l'on a acquise grâce aux matchs précédents et en l'adaptant au nouveau contexte que l'on deviendra un bon joueur.

Pour cela il faut :

– repérer les points communs entre les matchs (ou entre les exercices !),
– avoir fait suffisamment de matchs et de repérage pour automatiser certains gestes (ou certains calculs dans les exercices !) pour passer rapidement au traitement des seules nouveautés du jour...

Il est donc indispensable d'entraîner son enfant à voir l'exemple donné dans le cours comme une phrase ou une situation dont on peut garder la structure tout en remplaçant de nombreux passages.

Un peu comme des comédiens différents qui chaque année, joueraient le même rôle dans une pièce de théâtre. Le défi sera relevé quand l'élève parviendra à se dire : « ah dans cet exercice, ce qui joue le rôle de telle information dans l'exemple du cours, c'est telle information » et voir les énoncés comme de simples habits, que l'on peut changer au gré de son humeur.

Le test

1. *Lis attentivement chacune des 10 phrases ci-dessous qui comportent toutes des comparaisons entre deux choses. Mémorise bien qui est « le plus… » ou « le moins… » des deux. Imagine-toi la scène à chaque phrase, cela te facilitera la tâche ! Donne-toi 30 secondes à chaque phrase (ne bâcle pas !).*

2. *Une fois que c'est fait, demande à quelqu'un de te poser les questions de la 2e partie, où tu devras justement t'aider de ce que tu auras retenu dans la 1re partie.*

Première partie

- Le guépard court plus vite que la gazelle.
- L'éléphant d'Afrique a de grandes oreilles et l'éléphant d'Asie en a des petites.
- Il y a moins d'habitants à Paris qu'à Madrid.
- Le Texas a une plus grande superficie que la France.
- Voltaire est mort avant Diderot.
- Le film *The Artist* a eu plus d'Oscars au cinéma que le film *Les Aventuriers de l'arche perdue*.
- La planète Saturne est moins grosse que la planète Jupiter.
- La Statue de la Liberté est plus haute que la tour de Pise.
- Le fer est plus léger que le cuivre.
- Pompée avait plus de soldats que César.

Deuxième partie

- Qui court plus vite que qui ?
- Qui a de plus grandes oreilles que qui ?
- Qui a plus d'habitants que qui ?
- Qui a une plus grande superficie que qui ?
- Qui est mort après qui ?
- Qui a eu plus d'Oscars au cinéma que qui ?
- Qui est plus grosse que qui ?
- Qui est plus haute que qui ?
- Qui est plus lourd que qui ?
- Qui avait plus de soldats que qui ?

Tu as bien réussi à retrouver les 10 comparaisons (ou presque), n'est-ce pas ?! Alors que, malgré ta culture générale, tu ne connaissais pas la plupart de ces comparaisons avant ce petit test… Et cela ne t'a pas paru très difficile…

Eh bien bravo ! Tu as réussi à dépasser tes limites en utilisant une astuce du cerveau !

Laquelle ? Celle qui consiste à retenir plus facilement deux choses associées, plutôt que deux choses isolées et parfois même plus facilement qu'une seule chose isolée.

L'explication neuroscientifique

- **Le cerveau raisonne sur un mode associatif.** Que ce soit pour savoir ce qu'il voit ou ce qu'il va faire, il compare à sa banque de données. Et pour comparer, mettre ensemble, opposer, il faut être au moins deux ! Les mémoires n'échappent pas à ce principe.

  L'astuce méthodologique consiste à donc à se dire : je vais mettre deux mots (ou deux notions ensemble), dans la même phrase.

  Il y en a forcément une qui m'est plus familière, plus ancrée dans mon cerveau, que l'autre ; laquelle, je ne le sais pas forcément et ça n'a pas d'importance (on aurait même des surprises si on le savait !). Donc soit, c'est l'information qu'il faut restituer qui me viendra en premier à l'esprit, soit c'est l'autre, qui me mènera par ricochet à celle qu'il faut !

- **Conclusion : cette astuce de fonctionnement par couple peut être très payante en bout de course si on accepte d'y passer quelques secondes en début de course.** Plus l'association aura de signification pour nous (soit parce qu'elle paraît évidente, soit parce qu'elle nous rappelle une erreur à ne pas faire, soit parce qu'elle nous rappelle une différence) et plus ce sera une arme stratégique très efficace !

Je m'entraîne

Je me sers de phrases modèles

UTILE POUR LES MATIÈRES LITTÉRAIRES

Au lieu d'apprendre une règle, tu vas simplement retenir la phrase modèle qui la résume. Et lors de n'importe quel travail, quand tu auras (par exemple) à te demander si tu mets (par exemple) « ces » ou « ses », tu te rappelleras de ta phrase modèle et tu ne feras pas de faute. Cette phrase modèle peut être celle que l'on te donne dans ce livre ou celle que tu auras inventée toi-même (ça marche encore mieux !).
Car le cerveau aime comparer un exemple à un autre exemple déjà vu auparavant, pour voir si c'est pareil ou non.

1 En français

Passer d'une phrase modèle à une déclinaison de cette phrase, ici en français.

1. Voici une phrase modèle pour retenir d'un seul coup la différence entre « ces » et « ses » :

Ces poissons-là sont ses poissons à lui.

Reprends cette phrase-modèle et crées-en une autre (que tu vas écrire), en remplaçant :
– « poissons » par le nom d'un autre animal.
– « là » par une couleur.
– « lui » par un autre mot.

2. Voici une phrase modèle pour retenir d'un seul coup la différence entre « est » et « et » :

Le lapin est tout doux et il a de grandes oreilles.

Reprends cette phrase-modèle et crées-en une autre (que tu vas écrire), en remplaçant :
- « le lapin » par le nom d'un de tes sportifs ou chanteurs préférés.
- tous les autres mots non soulignés, par ce que tu veux.

2 En anglais

Passer d'une phrase modèle à une déclinaison de cette phrase, ici en anglais.

1. Voici une phrase modèle pour retenir d'un seul coup la différence entre « there » et « here » :

Don't stay there in the corner, come here with us.
(Ne reste pas là–bas dans le coin, viens ici avec nous)

Reprends cette phrase-modèle et crées-en une autre (que tu vas écrire), en remplaçant :
- « *stay* » par un autre verbe,
- « *in the corner* » par un autre lieu,
- « *us* » par un autre mot.

2. Voici une phrase modèle pour retenir d'un seul coup la différence entre « bring » et « take » :

You can bring your table and take my chair.
(Tu peux apporter ta table et prendre ma chaise)

Reprends cette phrase-modèle et crées-en une autre (que tu vas écrire), en remplaçant :
- « *you* » par le prénom d'un de tes amis,
- tous les autres mots non soulignés dans la phrase, par ce que tu veux.

Je me sers de situations modèles

1 Résolution d'équations

UTILE POUR LES MATIÈRES SCIENTIFIQUES

Pour les calculs techniques, comme des résolutions d'équations, utilise l'astuce de « la comparaison avec un exemple de référence que sait faire le cerveau ».

1. $2x = 10$
2. $3x = 7$
3. $-3x = 6$
4. $8x = 6 + 2x$
5. $12x + 3 = 8 - 7x$
6. $\frac{3}{2}x - 5 = 6$
7. $\frac{2}{5}x = 3 + \frac{1}{4}x$

1. a. Résous la première équation de la liste. Tu peux trouver la réponse à cette question, de tête, sans ligne supplémentaire car elle est facile.

b. Bien, tu as trouvé 5. Sachant qu'il y avait un 10 et un 2 dans l'équation, quelle opération peut-on faire pour trouver 5 ? (Réponds même si tu as l'impression que ce n'est pas comme ça que tu as fait...)

2. Résous cette équation. Tu as du mal ? Dans ce cas, remarque que la situation **2** est la même que la **1** (il n'y a que les chiffres qui ont changé)... mais il est trop difficile de trouver de tête la réponse si on n'est pas à l'aise, car le résultat ne sera pas un entier...

Pour la trouver, utilise la même opération (puisqu'il s'agit de la même situation, c'est normal !) qu'au **1.b** et donne la réponse...

3. Résous cette équation en remarquant que c'est la même situation que la **1** ou la **2**.

4. Cette fois tu vas te dire « Ah, mais là, la situation n'est plus la même car il y a des x des 2 côtés du = » !!! Eh bien, tu as raison... Mais cela signifie que si tu te débrouilles pour transformer cette équation en une autre (tu en as forcément pris l'habitude en classe) qui ne comporte des x que d'un côté... alors tu vas pouvoir te retrouver dans la même situation que la 1 ou la 2 ou la 3 ! Vas-y, fais-le !

5. Que te suffit-il de faire pour que cette situation 5 ressemble à la situation 4 ? Vas-y, fais-le... Après, tu te retrouveras en terrain connu... Puis finis par trouver la réponse.

6. Que te suffit-il de faire pour que cette situation 6 ressemble à la situation 1 ou 2 ? Vas-y, fais-le... Après, tu te retrouveras en terrain connu... Ne te laisse pas impressionner par le $\frac{3}{2}$, qui doit être manipulé comme le 2 au 1 ou le 3 au 2... Puis finis par trouver la réponse.

7. Résous cette équation, maintenant que tu sais que tu peux la transformer en une situation que tu sais traiter, parmi les précédentes...

Voilà, maintenant tu sais résoudre toutes les équations rencontrées au collège, grâce à la comparaison à une situation référente, comme aime le faire le cerveau !

2 Triangles

Voici une propriété mathématique qui est vraie et qui est rédigée de cette manière dans tous les cours de mathématiques en France :

Dans un triangle, la droite qui passe par les milieux de deux côtés est parallèle au troisième côté.

Étape 1– Habille la propriété de noms et constate que ça ne change rien.

En mathématiques, les noms sont des lettres : *A*, *B*, *C*, *I*, *J* au lieu d'Albert, Bernard, Chloé, Ingrid et Joanna, par exemple. C'est moins joli, mais cela signifie la même chose.

1. Place les points *A*, *B*, *C*, *I* et *J* aux endroits bleus que tu veux sur le dessin ci-dessous :

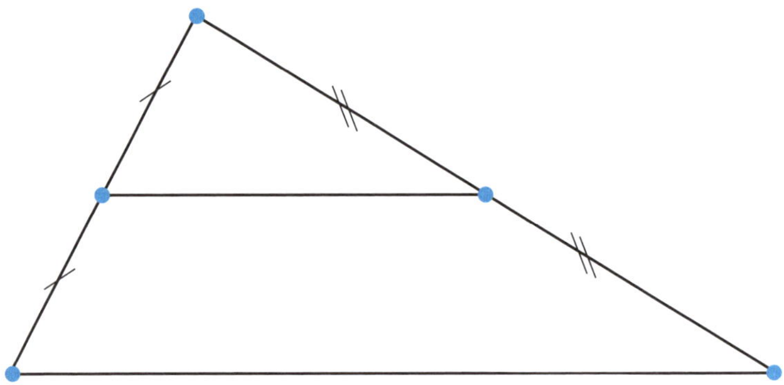

2. Complète donc les pointillés de la phrase suivante avec les bonnes lettres :

Dans mon triangle ...., la droite (....) qui passe par les milieux .... et .... des deux côtés [....] et [....], est parallèle au troisième côté [.....].

Étape 2 – Rédige la réponse à un problème et constate, qu'à part la présentation des phrases, ça ne change rien à ce que tu savais déjà faire au point 2 de l'étape 1.

On considère un triangle *IJK*. *M* est le milieu du côté [*IJ*]. *N* est le milieu du côté [*JK*]. *O* est le milieu du côté [*IK*].

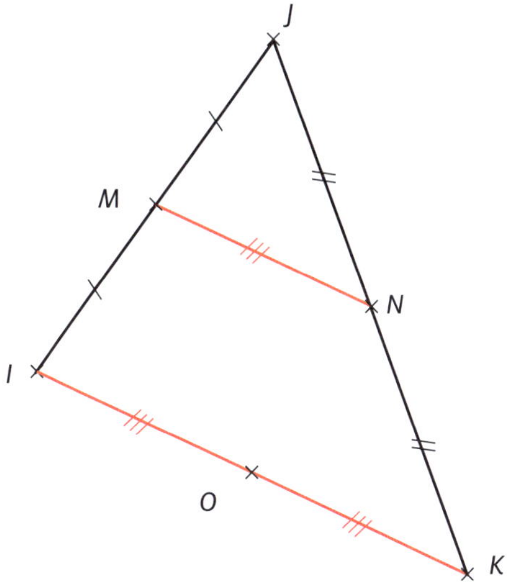

1. Voici la consigne du professeur : « Montre que la droite (*MN*) est parallèle au côté [*IK*] ».

Réponse : complète les pointillés.

Dans le triangle ...., je sais que les points ...... et ...... sont les milieux des deux côtés [......] et [......].

Conclusion : je peux dire que la droite (......) est parallèle au troisième côté [......].

2. Rédige maintenant tout(e) seul(e) la solution au problème suivant (en prenant exemple sur la rédaction du 1.) :

Montre que la droite (*MO*) est parallèle au côté [*JK*].

Réponse : complète les pointillés

....

....

Conclusion : ....

4 Autres astuces pour mieux retenir

Astuces pour se rappeler ce que le professeur a dit

Je note tout de suite ce que j'ai compris

- En classe, **pour contrer l'effacement par la mémoire de travail**, dès que j'ai compris quelque chose dont le professeur vient de parler, j'en note des bribes sur une feuille (même par 2 ou 3 mots), pour éviter l'effacement prévisible qui m'attend par la mémoire de travail...
- Car, comme on l'a vu, pour le cerveau « comprendre » n'est pas équivalent à « mémoriser »... Savoir que le cerveau efface mais penser qu'on sera plus fort que lui en l'ignorant, serait très naïf...

Je me mets tout de suite dans l'exercice demandé

- En classe, **pour contrer l'effacement par la mémoire de travail**, je me mets le plus vite possible dans l'activité distribuée par le professeur, juste après ses explications, car elles aussi sont vite effacées par la mémoire de travail...
- Si je veux absolument parler à mon voisin, je le fais plutôt une fois que j'ai déjà un peu démarré mon activité et que j'ai compris ce qu'il faut faire, plutôt qu'avant qu'elle ne démarre.
- D'ailleurs si un jour je me vois redemander au professeur ce qu'il faut faire, alors qu'il vient de le dire, c'est que j'ai raté ce moment important (l'instant où les consignes du professeur sont effacées si elles ne sont pas suivies rapidement de mise en activité).

Je me répète les consignes comme par écho si j'ai peur de les oublier

• En classe, **pour contrer l'effacement par la mémoire de travail**, si je sens que j'ai la tête ailleurs, mais que j'ai bien entendu les consignes, je me les répète comme si c'était un écho dans la montagne ou un message qui passe en boucle.

• Car grâce à une particularité du cerveau (que l'on appelle « la boucle phonologique »), même si je ne les comprends pas ou que je n'y prête pas vraiment attention sur le moment, elles seront toujours là quand j'arrêterai de rêver quelques secondes après.

• **La boucle phonologique** maintient pendant 2 secondes seulement (!) les informations verbales lues et entendues. Si on se les répète (mentalement ou à voix haute), elles restent disponibles (car toujours dans la boucle) mais commenceront à s'effacer dès que l'on arrêtera de se les répéter !

• Cas classique : « allo, bonjour Julie, j'arrive dans 30 secondes chez toi. Tu peux me donner le code pour entrer dans ta résidence ? Non je n'ai rien pour noter. 47B12 ? D'accord, à tout de suite ». Notre quasi seule chance de ne pas voir cette information effacée le temps d'arriver au portail, est de nous répéter sans interruption « 47B12 », « 47B12 », « 47B12 », etc. Car dès que nous arrêterons de nous le dire, nous ne nous en souviendrons plus...

J'utilise des cahiers de brouillons pour tout noter

• En classe ou à la maison, **pour contrer l'effacement par la mémoire de travail**, j'achète plusieurs cahiers de brouillon où je pourrai noter tout ce que je comprends quand je lis, vois, ou entends quelque chose, avant que la mémoire de travail ne l'efface.

• Que ce soit en classe ou dans ma chambre, je n'hésite pas à le faire sur tout, et surtout dès que ça me vient en tête, car je sais que ça s'efface vite ! C'est un peu comme des post-it !

Astuces pour regrouper les informations ou les connaissances

Je me sers de surligneurs

- En classe ou à la maison, pour regrouper les informations, quand je lis un texte, je surligne ce qui me semble aller ensemble en changeant de couleur.
- Par exemple, je passe en jaune tout ce qui est dit sur le caractère du héros, je passe en rose tout ce qu'il fait, etc.

Ainsi je crée des regroupements d'informations – et le cerveau aime ça – et je les visualiserai en un coup d'oeil une fois que ce sera fait.

J'encadre les parties sur mes feuilles de brouillon ou dans mes copies

- En classe ou à la maison, **pour regrouper les informations**, quand j'écris quelque chose au brouillon dans un peu tous les sens, j'encadre les parties qui, pour moi, vont ensemble.
- Même si cela peut donner un résultat un peu bizarre à voir, le cerveau sera content d'avoir vu (par exemple ici) qu'il n'y avait pas 40 lignes à analyser–mémoriser mais seulement 3 gros groupes par exemple. Et cela va bien te faciliter la tâche.
- Tu peux aussi encadrer les résultats ou les blocs d'informations qui vont ensemble sur les copies que tu rends en classe. Les professeurs qui corrigent, aiment eux aussi les regroupements d'informations… !

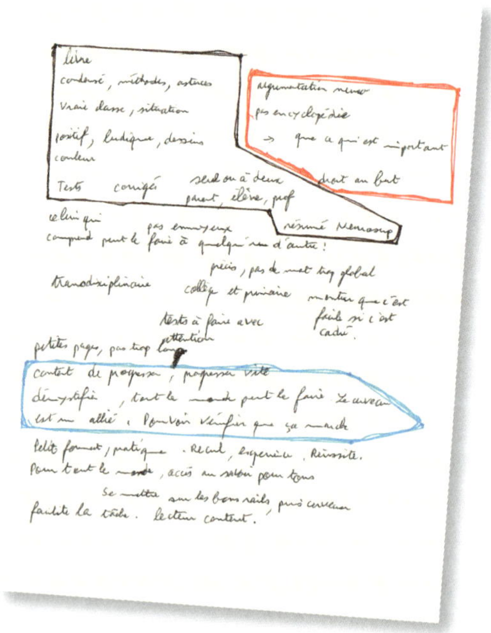

Je regroupe mes feuilles de cours

À la maison, **pour regrouper les informations**, j'utilise des trieurs ou des cahiers. Pas de feuilles volantes... Et si je suis allergique aux cahiers, j'utilise au moins une agrafeuse pour relier les documents qui vont ensemble.

Et je note, le jour même, la date où j'écris chaque page. Comme ça, je pourrai les mettre sans problème dans l'ordre chronologique.

Bref, je regroupe, je fais des paquets.

Astuces pour éviter les erreurs récurrentes

Sur une fiche de révision, note tes erreurs récurrentes (ou la situation-type où tu les fais, ou ce avec quoi tu hésites toujours) + la bonne réponse + une astuce mnémotechnique, à côté.

▶ **Exemple d'erreur récurrente :** écrit-on « nourrir » ou « nourir » ?

- Bonne réponse : « nourrir ».
- Astuce mnémotechnique : « nourrir » s'écrit avec deux *r* car on peut se nourrir plusieurs fois.

▶ **Exemple d'erreur récurrente :** la pente (appelée le coefficient directeur) de la droite (AB) vaut-elle $\frac{3}{2}$ ou $\frac{2}{3}$?

- Bonne réponse : $\frac{2}{3}$.

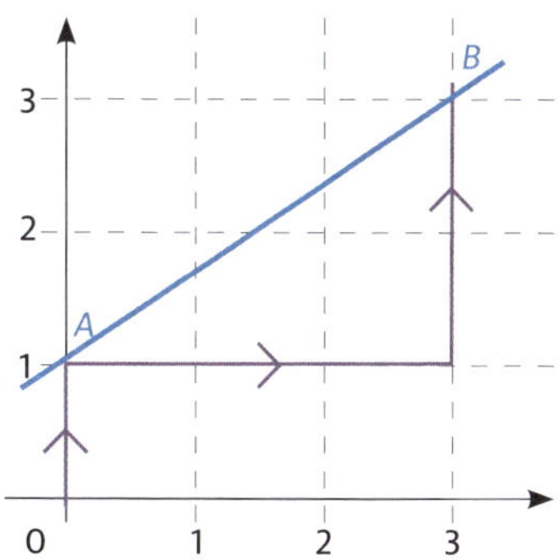

- Astuce mnémotechnique : tu vois des oiseaux voler au dessus de l'Horizon... (des V au-dessus du H d'Horizon, déplacement Vertical au-dessus du déplacement Horizontal).

Attention : tu dois être en accord avec l'astuce mnémotechnique (et c'est encore mieux si tu la choisis/inventes toi-même) car sinon cela ne marche pas.

Exemple d'erreur récurrente : écrit-on « courir » ou « courrir » ? « arriver » ou « ariver » ?

- Bonne réponse : « courir » et « arriver ».
- Astuce mnémotechnique souvent proposée : « courir » s'écrit avec 1 seul *r* car on manque d'air. Une fois « arrivé » on prend tout l'air que l'on peut (donc deux *r*).

Mais certaines personnes pourraient penser au contraire que c'est à l'arrivée que l'on manque d'air (comme le suggère le dessin) et donc que « arriver » doit s'écrire « ariver ».

Conclusion : le professeur peut toujours donner des astuces mnémotechniques à sa classe car l'expérience prouve que cela aide de nombreux élèves ; mais si ça ne te « parle pas », trouve ta propre astuce, et ne considère pas que c'est un gadget (la procédure « d'inhibition » de l'erreur, grâce à une astuce mnémotechnique par exemple, étant l'une des plus grandes avancées actuelles en neurosciences).

Je veux être meilleur(e) le jour J !

Comment restituer l'information stockée

1. J'utilise les moyens mnémotechniques
2. Je découpe chaque tâche en plusieurs petites tâches
3. Je gère mon stress
4. Autres astuces pour mieux retenir

1 J'utilise les moyens mnémotechniques

Paroles d'élèves

Souvent, c'est lors de la correction que je m'aperçois que je savais faire. Sur le coup, lors du devoir, ça ne me disait rien.

Je n'aime pas faire des fiches de révision.

Quand je vois tout ce qu'il y a à apprendre, ça me décourage ; j'aimerais bien qu'il y en ait moins.

À part apprendre par cœur, je ne vois pas comment on peut faire.

Paroles de parents

Pour elle, le cours du professeur, c'est sacré ! Si tel mot est dans le cours, elle refuse de le remplacer par un autre. Sinon, pour elle ce ne serait plus un bon cours. Mais du coup, parfois, elle ne comprend pas ce qu'elle lit et ce n'est pas ce qu'elle retient le mieux de toute façon.

Si dans l'énoncé, il n'y a pas les mêmes mots que lorsqu'il avait révisé, il ne se souviendra pas de ce qu'il a révisé !

On dirait qu'il a une très bonne mémoire pour ce qui le passionne, mais pour le reste non.

Elle ne sait pas faire de fiches de révision, ou alors elle recopie tout le cours.

Objectif

Je veux retenir plus facilement une grande quantité de connaissances

- **Au fil des années, le nombre de connaissances** présentes dans un cahier de cours augmente de manière exponentielle ! La conception de fiches de révision devient alors vite incontournable. Bien entendu, elles n'ont aucun intérêt si elles sont aussi longues que le cours lui-même. D'autant que le cerveau est prêt à nous faciliter la tâche puisqu'il restitue toute une masse informations à l'aide de simples indices récupérateurs (mots-clés ou dessins-clés). **L'idée est donc d'alléger au maximum le support d'apprentissage qu'est la fiche de révision. L'alléger en mots, l'aérer en espace.**

- **Il faut donc tenter d'atteindre deux objectifs :**

  – une **désacralisation des mots contenus dans le cours de l'enseignant**, pour pouvoir être remplacés par des mots de l'élève lui-même, qu'il comprend forcément rapidement puisqu'il les aura choisis… !

  – une **réhabilitation du dessin, de la fantaisie, de la couleur, des contrastes** (le cerveau aime cela) que les enseignants délaissent au fil des années, souvent pour cause de lourd programme à finir, mais que les élèves peuvent continuer de pratiquer une fois chez eux, lors de la reformulation et de l'allègement du cours, menant à l'élaboration d'une fiche de révision (classique, carte mentale, croque-note, etc.).

Test 1

1. *Demande à un ami de te lire lentement la première liste de 20 mots ci-dessous:*

agenda – coffre – bus – hôpital – canari – chaise – serviette – sport – cantine – cahier – lapin – tapis – radio – colonel – chapeau – fruits – zèbre – acier – bougie – boulangerie

2. *Maintenant prends une feuille et note tous les mots dont tu te souviens spontanément sans aucune aide.*

3. *Prends une autre feuille. Cette fois, ton ami va te lire la liste de 20 indices ci-dessous, qui vont te permettre de retrouver quelques autres mots de la liste de départ que tu n'avais pas retrouvés sur le coup!*

Pour te permettre de réfléchir posément, il va te laisser environ 10 secondes après chaque indice donné. Tu es prêt?! Voici la liste d'indices:

- pour ne pas être debout
- métal
- les jeux olympiques
- pour éclairer
- pour se laver
- ouverte tôt le matin
- quand il y a beaucoup trop de soleil
- il y en a avec des noyaux
- dans certains contes, il vole
- à l'arrière de la voiture
- transporte plusieurs personnes
- pour savoir ce qu'il va se passer demain
- il chante
- on y mange
- pour y noter les leçons
- il est tout doux
- on y écoute de la musique
- si tu es malade
- on a intérêt à lui obéir
- il est rayé

Alors...??! Tu as bien réussi à retrouver d'autres mots que tu n'avais pas retrouvés la première fois, n'est-ce pas?

Bravo! Tu as réussi à dépasser tes limites en utilisant une astuce du cerveau!

Laquelle?

Celle qui consiste à avoir un indice, indice dont le cerveau va se servir pour savoir où aller chercher l'information que tu veux. Cette expérience prouve que ce n'est pas parce qu'on ne se souvient pas que cela n'a pas été enregistré!

L'explication neuroscientifique

- **Dans le cerveau, chaque information reçue est décomposée** en plusieurs parties, stockées à des endroits différents mais reliées entre elles par des neurones.
  Par exemple, tu manges un beignet sur la plage… Eh bien, sa couleur sera stockée dans un endroit du cerveau, son goût dans un autre endroit, son odeur ailleurs, sa texture encore ailleurs, etc.
  C'est une partie du cerveau appelée « **hippocampe** » (du fait de sa forme), qui se charge d'envoyer chaque composante dans des endroits différents, et de les relier entre elles. L'« hippocampe » reconnaît chaque composante, lui attribue une étiquette, puis la renvoie dans la zone où son type (couleur, son, odeur, etc.) est traité par le cerveau.

- **Mais toutes ces composantes sont reliées entre elles par des neurones.** Et il suffit de se rappeler de l'une de ces composantes (l'odeur par exemple) pour que toute la scène du beignet te revienne à l'esprit…
  Cette composante qui permet de restituer tout le souvenir s'appelle un **indice récupérateur**.
  C'est exactement ce qui arrive dans le célèbre épisode de la madeleine, de Marcel Proust (*À la recherche du temps perdu*), où le héros, portant simplement à sa bouche une madeleine trempée dans du thé, voit resurgir toute une époque de son enfance, grâce à l'odeur et au goût de cette madeleine… Ou plus récemment dans le film *Ratatouille*, où le critique culinaire se souvient de son enfance en goûtant une ratatouille…

- **Cette restitution par indices récupérateurs marche aussi pour les mots** (et c'est le principe du petit test que tu viens de passer, des mots croisés, ou des jeux télévisés comme *Pyramide* ou *Le mot de passe*…) **ou les dessins**.

Test 2

1. *À côté de chacun des mots ci-dessous, écris un mot personnel qui te fait penser à ce premier mot.*

Attention ! Choisis plutôt un mot dont tu seras le seul à savoir pourquoi tu l'as choisi… Par exemple, pour aller avec le mot « neige », choisis « œufs » puisque tu sais que tu aimes les « œufs à la neige »… Ou choisis « Rémy » car c'est avec lui que tu as passé tes dernières vacances à la neige.

Bref, choisis quelque chose de plutôt plus personnel que des mots génériques comme « ski » par exemple. Plus c'est absurde, fantaisiste, drôle, personnel, plus ton score à ce test sera élevé donc n'hésite pas… !

neige	....	moto	....
camion	....	campagne	....
vin	....	lire	....
acier	....	gâteau	....
musique	....	avion	....
travail	....	bouche	....
canapé	....	nuit	....
plage	....	États-Unis	....
afrique	....	pomme	....
mer	....	tisane	....
rouge	....	cheveu	....
courir	....	beurre	....
vent	....	stylo	....
assiette	....	italien	....

2. *Maintenant, donne cette liste (les mots qui étaient déjà donnés et ceux que tu as écrits) à un ami.*

Demande-lui de te lire l'**un des mots que tu as écrits**. Tu dois alors lui dire le mot de la liste donnée avec lequel tu l'as associé !

Puis il continue avec un autre mot, etc. Bref, retrouve les mots donnés au départ, grâce à **TES** mots… Et compte le nombre de bonnes réponses sur les 28 mots à retrouver… !

Alors, combien de mots es-tu arrivé à trouver ? 10 ? 20 ? Plus ? Tu es toi-même étonné(e) de ton score ?! Tu pensais faire moins bien, n'est-ce pas ?!

Eh bien bravo ! Tu as réussi à dépasser tes limites en utilisant une astuce du cerveau !
Laquelle ? Celle qui consiste à faire appel à ce que ton cerveau fait tous les jours pour toi : relier en permanence le nouveau à l'ancien. Pour cela, tu as créé toi-même des indices récupérateurs et ton cerveau a fini le travail !

L'explication neuroscientifique

Pourquoi est-ce si performant ? Parce qu'en procédant ainsi, le cerveau accroche ce qu'il faut mémoriser à une assemblée de neurones très souvent fréquentée (comme tout ce qui est personnel, connu, familier, déjà vu ou vécu de multiples fois, l'est forcément). Or, tout réseau fréquemment emprunté est toujours très stable et très rapide.
Accrochée à ce réseau performant de neurones, la nouvelle information à retenir devient alors à son tour une composante de ce réseau ultra-rapide de neurones et bénéficie alors de ses atouts…!

Conclusion : quand tu choisis pour indice récupérateur de la chose à retenir, une information qui t'est personnelle, qui ne parle qu'à toi, tu utilises cette astuce au maximum de son potentiel…! Tu es malin…!

Je m'entraîne

Je me fabrique un indice récupérateur personnel

UTILE DANS TOUTES LES MATIÈRES

Étape 1 : simplifie l'histoire au maximum.

Étape 2 : choisis un détail qui te marque plus que les autres.

Étape 3 : choisis un mot-clé ou un dessin-clé, qui le représente à tes yeux (et ce sera ça ton indice récupérateur !).

1 Les Étrusques

Lis le texte suivant :

« Au VIIe siècle avant J.-C., les Étrusques, un peuple installé au Nord de l'Italie, font la conquête de Rome et de la région qui l'entoure, le Latium. Ils fondent un royaume.
Des rois étrusques gouvernent Rome et lui donnent l'aspect d'une ville. Celle-ci se développe autour d'une vaste place publique, le Forum, dont l'emplacement marécageux est assaini par un égout. Un pont de bois et un port de commerce sont construits sur le Tibre. Au VIe siècle avant J.-C., sont édifiés le temple dédié au dieu Jupiter sur le Capitole, et un grand cirque pour les divertissements de la population.
Une imposante muraille, qui englobe les sept collines, protège désormais la ville. »

Étape 1 – Tout ce paragraphe ne parle que d'une seule chose : laquelle ?

Réponse : ....

....

Étape 2 – Choisis un détail qui t'a marqué plus que les autres.

Réponse : ....

....

Étape 3 – Choisis un mot-clé ou un dessin clé qui le représente pour toi.

Vérifions que ça marche : montre maintenant ce mot ou ce dessin à quelqu'un. Demande-lui de te poser la question : « pourquoi as-tu choisi ce dessin ou ce mot ? À quoi te fait-il penser ? » et fais la réponse la plus complète possible. Tu vas être surpris (et lui aussi) de tout ce que tu vas être capable de lui dire ! Et à partir d'un seul mot ou dessin !

2 En Corse...

Lis le texte suivant :

« La muraille verte qui séparait les gentilles allées sinueuses s'était éparpillée. Les arbustes emmêlés, comme une dentelle de bois fin, heurtaient les unes aux autres leurs maigres branches et le murmure des feuilles tombées et sèches que la brise poussait, semblait un douloureux soupir d'agonie. De tout petits oiseaux sautaient de place en place avec un léger cri frileux, cherchant un abri. Jeanne allait et venait à pas lents dans l'avenue, le long de la ferme. Quelque chose l'appesantissait comme le pressentiment des longs ennuis de la vie monotone qui commençait. Puis elle s'assit sur le talus où Julien, pour la première fois, lui avait parlé d'amour ; et elle resta là, rêvassant, presque sans songer, avec une envie de dormir pour échapper à la tristesse de ce jour. Tout à coup, elle aperçut une mouette qui traversait le ciel, emportée dans une rafale, et elle se rappela cet aigle qu'elle avait vu, là-bas, en Corse. »

Une vie, Guy de Maupassant.

Étape préliminaire – Surligne en vert tous les passages du texte où l'auteur parle du décor. Puis surligne en bleu tous les passages du texte où l'auteur parle de ce que fait le personnage. Enfin, surligne en jaune tous les passages du texte où l'auteur parle de ce que ressent le personnage.

Grâce à cette astuce, tu viens de séparer ton texte en 3 blocs de couleurs.

Décor

Ce que fait le personnage

Ce que ressent le personnage

La muraille verte qui séparait les gentilles allées sinueuses s'était éparpillée. Les arbustes emmêlés, comme une dentelle de bois fin, heurtaient les unes aux autres leurs maigres branches et le murmure des feuilles tombées et sèches que la brise poussait, semblait un douloureux soupir d'agonie. De tout petits oiseaux sautaient de place en place avec un léger cri frileux, cherchant un abri. Jeanne allait et venait à pas lents dans l'avenue, le long de la ferme. Quelque chose l'appesantissait comme le pressentiment des longs ennuis de la vie monotone qui commençait. Puis elle s'assit sur le talus où Julien, pour la première fois, lui avait parlé d'amour; et elle resta là, rêvassant, presque sans songer, avec une envie de dormir pour échapper à la tristesse de ce jour. Tout à coup, elle aperçut une mouette qui traversait le ciel, emportée dans une rafale, et elle se rappela cet aigle qu'elle avait vu, là-bas, en Corse.

- Pour chacun de ces trois blocs de couleurs, crée-toi un indice récupérateur (mot-clé ou dessin-clé) grâce à la méthode précédente. Tu dois donc en trouver trois.

Solution

Exemple d'indices récupérateurs (mots-clés ou dessins-clés) pour chacun des trois blocs :

Pour le décor :

chemins

Pour ce qu'elle fait :

assise

Pour ce qu'elle ressent :

rêve

Je fais un croque-note

Quand on regroupe des mots-clés ou des dessins-clés sur une feuille, on vient de créer ce que l'on appelle un « **croque-note** » ou « **sketchnote** » (en anglais).

Cela permet de préparer un exposé ou de réviser en allégeant au maximum la feuille de révision (ou la feuille de notes que l'on gardera devant soi si c'est un exposé). En voici un exemple, constitué à l'aide des dessins-mots-clés précédents.

Remarque importante : Pour se rendre compte de l'efficacité d'un croque-note, fais-en un puis va voir l'un de tes parents. Donne-lui le cahier de cours et garde le croque-note. À l'aide de ton seul croque-note, dis à ton parent tout ce que tu peux au sujet du cours.

Tu seras impressionné par le nombre de choses que tu as réussi à restituer grâce à ce croque-note (qui sert donc de fiche de révision allégée).

En voici un autre, pour mémoriser un cours de géographie.

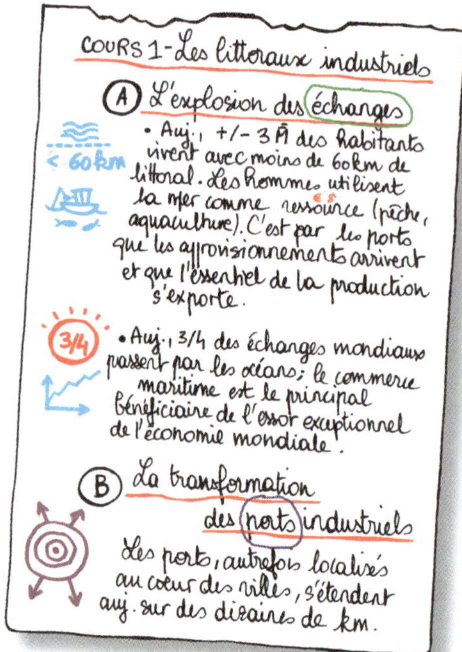

Étape 1

Ajoute des dessins-clés et entoure quelques mots à côté du cours pris en classe.

Étape 2

Tu n'as plus qu'à écrire sur une feuille au format paysage ces mots à côté des dessins-clés.

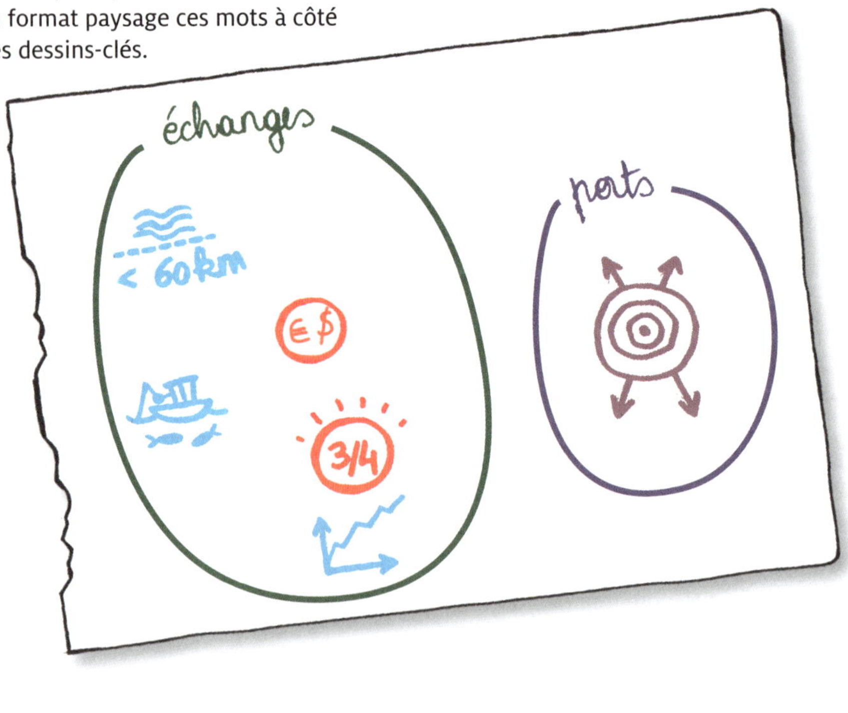

En maths aussi…

Voici une leçon de mathématiques, classiquement présentée.

I. Proportionnalité

Définition

Un tableau est un tableau de proportionnalité lorsque tous les nombres d'une ligne s'obtiennent en multipliant tous ceux de l'autre ligne par un même nombre.

Ce dernier nombre est appelé un coefficient de proportionnalité.

Exemple

Longueur d'un côté d'un carré	1	2	5	7	8	10	× 4
Périmètre du carré	4	8	20	28	32	40	

Ce tableau est un tableau de proportionnalité. Les quotients sont tous égaux:

$\frac{4}{1} = \frac{8}{2} = \frac{20}{5} = \frac{28}{7} = \frac{32}{8} = 4.$

II. Échelle

Définition

Les distances représentées sur une carte sont proportionnelles aux distances réelles. L'échelle d'une carte est le coefficient de proportionnalité.

Exemple

On suppose que sur une carte, 20 km en réel sont représentés sur une carte par 5 cm. Quelle est l'échelle de cette carte?

Réponse

On convertit d'abord les km en cm pour avoir la même unité:

20 km = 2 000 000 cm.

Distance sur la carte (en cm)	5	1	× 400 000
Distance réelle (en cm)	2 000 000	x	

L'échelle de la carte est donc: 1/400 000

Voici un croque-note résumant ce cours.

Rappel

– Il n'y a pas de bon ou de mauvais croque-note !

– Tu peux considérer le pari comme réussi, si tu estimes avoir mis le moins de choses possibles (dessins-clés ou mots-clés) et qu'à partir d'eux, tu es capable de ressortir à quelqu'un d'autre le contenu du cours (il n'est pas indispensable de ressortir les exemples donnés).

Je fais une carte mentale

Une carte mentale est un document visuel qui reprend les avantages du croque-note, en y ajoutant l'idée de regroupement des informations dans des catégories. En voici un exemple :

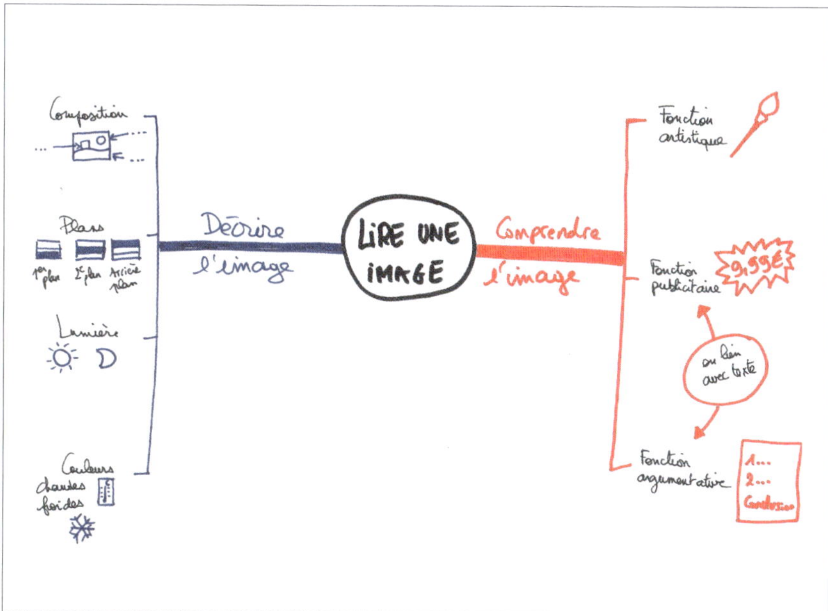

Caractéristiques de base

– une feuille vierge, format **paysage**
– un **titre** au centre (en forme de bulle, de dessin, ou texte classique)
– une grosse branche = un thème = **une couleur**

+

– développer chaque grosse branche en **petites branches** de la même couleur
– utiliser des **mots-clés** plutôt que des phrases entières
– écrire les mots **à l'horizontale**, dans l'alignement des branches
– branches ondulatoires, épaisses ou non
– utiliser des petits **dessins** (ou mots en relief, ou hachurés) au bout des petites branches, ils servent d'indices récupérateurs.

Remarque : c'est un document qui contient plusieurs particularités communes avec le fonctionnement du cerveau :
- la catégorisation (ici, les 2 grosses branches),
- des éléments-clés, contenus dans chaque catégorie,
- les indices récupérateurs, personnels, sous forme de dessins, à la toute extrémité de chaque ramification.

La présentation en réseau rappelle également celle des réseaux neuronaux.

Allez, à ton tour, maintenant !

Crée une carte mentale représentant à tes yeux le cours d'histoire suivant. Si tu veux y aller à l'instinct, utilise le même modèle que la carte mentale précédente en remplaçant simplement les mots par des mots du texte actuel.

Les citoyens et la démocratie athénienne

A. Les droits et les devoirs du citoyen

Athènes étant une démocratie, être citoyen donne le droit de participer à la vie politique et au gouvernement de la cité.

Pour devenir citoyen, il faut être un homme, né d'un père citoyen athénien et d'une mère athénienne. Il faut également avoir effectué un service militaire à l'âge de 18 ans.

Les citoyens ont des devoirs. Le premier d'entre eux est de défendre Athènes, comme lors des guerres médiques : à Marathon, en 490 avant J.-C., ce sont les citoyens aisés, pouvant s'équiper comme hoplites qui ont remporté la victoire face aux Perses ; à Salamine, en 480 avant J.-C., ce sont les citoyens pauvres, engagés comme rameurs sur les trières, qui ont gagné la bataille navale. **Les citoyens ont également le devoir de participer aux fêtes civiques, comme les Panathénées.**

B. Le fonctionnement et les limites de la démocratie

L'assemblée des citoyens, l'*Ecclésia*, se réunit au moins quatre fois par mois sur la colline de la Pnyx. Les citoyens y votent les lois, les déclarations de guerre et les traités de paix. **Toute décision est prise à la majorité par un vote** à main levée. Il est précédé d'un débat, d'une discussion, où chacun peut donner son point de vue.

➳ **C'est aussi l'*Ecclésia* qui choisit les magistrats de la cité.** Tous les ans, les citoyens tirent au sort les Conseillers chargés de préparer les lois et les juges qui rendent la justice au tribunal du peuple. Ils élisent les **stratèges**, qui dirigent au quotidien la cité, commandent l'armée et la flotte. Certains, comme Périclès, deviennent de grands personnages de la démocratie athénienne.

➳ **La démocratie athénienne est cependant imparfaite car les citoyens ne représentent qu'une minorité des habitants de la cité.**

Histoire-Géographie 6e, Éditions Belin

Pour s'aider, on peut :

– lire plusieurs lignes (ou un paragraphe) jusqu'à y voir le mot-clé le plus représentatif pour nous (ou un mot-clé qui nous vient à l'esprit),

– une fois que les mots-clés des grosses branches sont trouvés, leur attribuer une couleur puis relire le texte en surlignant de la même couleur ce qui va avec.

2 Je découpe chaque tâche en plusieurs petites tâches

Paroles d'élèves

Je ne sais jamais par quoi commencer quand je fais une rédaction.

Quand je relis ma copie, je ne vois aucun problème à part les fautes d'orthographe.

Quand je dois faire un résumé, je ne sais pas ce qui est important et ce qui ne l'est pas dans le texte.

Dans une rédaction, j'ai l'impression de tourner en rond, que je me répète !

Paroles de parents

Il a plein d'idées mais il ne sait pas les ordonner, cela part dans tous les sens.

Il me dit qu'il n'a pas d'idées mais quand je le questionne à l'oral, il m'en donne. C'est le passage à l'écrit qui lui pose problème.

Je lui dis de faire un plan, comme on nous le disait quand j'étais moi-même élève, mais ça ne lui parle pas ; il trouve ça encore trop abstrait et n'y arrive pas.

Elle fait des résumés aussi longs que le texte lui-même !

Objectif

Je veux apprendre à segmenter

- **Tout le monde sait que les professeurs demandent à leurs élèves de relire leur copie** avant de la rendre, lors d'un devoir. Les élèves n'aiment pas ça, n'en voient pas l'utilité et le font en environ 1 minute puis estiment que c'est fait et rendent la copie…!
  En faisant cela, ils tombent dans le **piège de la « globalité floue »**. Le cerveau ne sachant pas ce qu'il cherche précisément, scanne de manière globale les choses et ne voit pas de problème puisqu'il retrouve le raisonnement global que lui-même a proposé il y a quelques minutes …! Évidemment, pour lui tout est cohérent. Or en raisonnant comme cela, n'importe quelle production écrite aussi pauvre soit-elle, sera validée par l'élève puisqu'elle correspond à ce qu'il pense !

- **Mais ce n'est pas l'objectif** de la relecture d'une copie, qui doit au contraire **s'assurer que plusieurs angles de vue ont été utilisés**, qu'il y a des arguments, des détails de nature différente, pour refléter la richesse (ou la complexité) de la situation proposée.

- **Certains élèves ont déjà pris l'habitude** d'avoir ces contraintes en tête et leur rédaction semble couler de source et n'ont aucune difficulté face à ce genre d'exercice. D'autres doivent absolument passer par une phase de brouillon où ils doivent parvenir à atteindre deux objectifs :
  – exprimer des idées différentes,
  – puis ordonner le tout, sur le plan logique ou chronologique, pour assurer une homogénéité à l'ensemble.

- **Pour les résumés,** il s'agit de repérer à quel moment l'auteur change d'idée. Cela donne une méthode assez simple pour repérer quels blocs on peut écourter sans perdre les idées principales.

Le test

Première partie

Compte, le plus vite possible, le nombre de fois où la lettre B est présente et chronomètre-toi.

L B B M D B M B N B
N B B L P B B P B L B
B B B L D B M B P N B
D N B N P B B P B B D
B M B D N B N P N B D B L D
B L B D B M B D B D B B
B M M B D B L M D B M N B
D N B P B B B N M B M B
D N B N B B M M P B P M
B L P B D N D B P B D M P

Bilan

- Tu as mieux réussi la 2e partie que la 1re, n'est-ce pas ? Soit parce que tu as été plus proche du nombre de bonnes réponses (il y avait 53 B dans les deux cas) soit parce que tu as mis moins de temps pour obtenir ces bonnes réponses, n'est-ce pas ?

Eh bien bravo !

Tu as réussi à dépasser tes limites en utilisant une astuce du cerveau !

Laquelle ? Celle qui consiste à découper un travail en plusieurs petits morceaux (on appelle cela « la segmentation de la tâche »).

En effet, si tu regardes bien, tu vois qu'il y avait exactement les mêmes lettres, disposées dans le même ordre, que ce soit dans la première partie ou la deuxième partie du test ! Mais le simple fait d'avoir apposé un quadrillage sur cet amas de lettres en désordre a suffi pour que le cerveau considère ce jeu comme un jeu à 25 petites étapes plutôt qu'un jeu à une seule grosse étape.

Deuxième partie

Là aussi, compte le plus vite possible le nombre de fois où la lettre B est présente et chronomètre-toi.

L B N B	B M B	D B L P B	M B B P	N B B L B
B B D N	B L D B N	B M P B B	B P P B	N B B D
B M B L	D B N B D B	B N P M B	N B D D B D	B L D B B
B M D N	M B D M P B B	B L B B N	M D B M B	M N B M B
D N B B L	N B P B D	B M N D B	M P P B D	B P M M P

L'explication neuroscientifique

Dans ce petit test, le fait d'avoir segmenté la tâche a permis de surcroît de segmenter l'espace. Ainsi, dans la version quadrillée, une fois que l'on avait fini de compter le nombre de B dans la première case, on n'y revenait plus. Les yeux ne regardaient plus vers la gauche mais passaient directement au contenu de la deuxième case, et ainsi de suite pour les autres.
Par ailleurs, les informations de la case précédente étaient effacées par la mémoire de travail (donc nous avions de l'espace libéré !) puisqu'elles ne servaient plus ! Et la concentration était maximale à chaque case, limitant le risque d'erreur ou d'oubli !

Par contre, dans la version non quadrillée, le cerveau doit faire un gros effort pour savoir s'il a déjà compté ou pas tel B ou tel autre ! Les yeux n'arrêtent pas d'aller et venir en haut, en bas, à gauche, à droite, pour vérifier que ce n'est pas un endroit par lequel nous sommes déjà passés (pour ne pas compter deux fois les mêmes B). Jusqu'au point où parfois tu as dû sentir que tu n'étais même pas sûr de ce que tu pensais !

Bref, dans cette version non quadrillée, on proposait à ton cerveau un travail difficile où de nombreuses informations pourtant déjà traitées (celles des cases précédentes) n'arrêtaient pas de revenir occuper de la place dans la mémoire de travail, puis on devait se demander si on les gardait ou pas, etc. Perdu, parce que restant dans une globalité floue, le cerveau est moins attentif aux détails et fait plus d'erreurs.
C'est le même principe que pour les plans en papier quadrillés, pour se repérer dans une ville, quand on la visite ! Une fois que l'on sait que ce que l'on veut visiter est dans la case C4, le cerveau se désintéresse de toutes les autres parties du plan et cela nous facilite grandement la tâche !

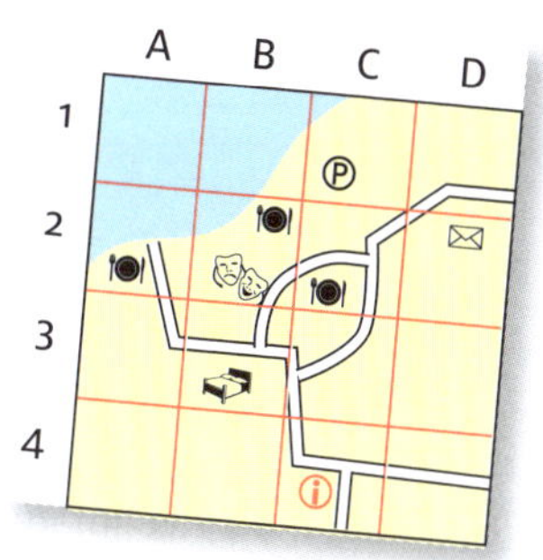

Je m'entraîne

Je segmente pour faire une rédaction

1 Thème de réflexion

Utile pour les matières littéraires

Classiquement, lorsqu'on te demande de faire une rédaction, on te donne le thème et c'est tout. Ton cerveau est alors confronté à la même situation de globalité floue que dans la partie non quadrillée du test précédent. Il va revenir plusieurs fois sur le même point, oubliera des choses, et te donnera l'impression que cette rédaction est longue (ce qui te poussera à la finir au plus vite et à la bâcler, n'est-ce pas ?!!). Et en plus, tu ne sais pas par quoi commencer... !

Plutôt que de raisonner dans la globalité, tu ne vas écrire au brouillon que ce qui concerne un seul angle, un seul point. Tout ce que tu peux. **Puis une fois que tu auras fini, tu vas faire la même chose avec un autre angle, etc.** Et ce n'est qu'à la fin, que **tu mélangeras** à ta guise tout ce que tu as écrit au brouillon.

Exemple

Supposons que tu doives écrire un paragraphe (de 10 lignes environ) sur tes vacances d'été au bord de la mer...

Étape 1 – Tu choisis (par exemple) l'angle des détails visuels

Imagine-toi au bord de la mer et note au brouillon uniquement des détails qui ont un rapport avec ce que tu peux voir (exemple : la mer est d'un beau bleu, les poissons brillent dans l'eau, etc.). Écris-en 3 lignes (ce n'est pas beaucoup, tu es d'accord ?!).

Vas-y :

....

....

....

Étape 2 – Tu choisis (par exemple) l'angle des détails auditifs

Cette fois, note au brouillon uniquement des détails qui ont un rapport avec ce que tu peux entendre (exemple : la mer nous réveille le matin, on entend le clapotis des bateaux à quai, etc.). Là aussi, écris-en 3 lignes !

Vas-y :

Étape 3 – **Tu choisis (par exemple) l'angle des sensations**

Cette fois, note au brouillon uniquement des détails qui ont un rapport avec ce que tu peux sentir, ressentir, toucher, le mouvement (exemple : il fait chaud, le contact avec le sable me détend, etc.). Là aussi, écris-en 3 lignes !

Vas-y :

Étape 4 – Mélange maintenant tous ces renseignements (en les alternant, c'est mieux) dans une même rédaction de 9 à 10 lignes

Vas-y :

Alors ... ? Il est pas mal ton texte, non ?! Plus riche et plus long que ce que tu pensais faire sans savoir où aller, n'est-ce pas ?! Bravo ! Adieu les problèmes d'inspiration avec cette méthode !

Mais bien sûr, comme l'essentiel n'est pas dans le détail que tu choisis mais bien dans le changement d'angle de vue, tu peux aussi décider de prendre pour angle les personnes, les objets, les magasins, etc. au lieu de je vois-j'entends-je ressens. Comme tu vas te le prouver avec l'exercice suivant.

2 Vacances à la mer

Tu dois écrire une nouvelle rédaction sur tes vacances à la mer.

Étape 1 : tu choisis (par exemple) tout ce qui te vient à l'esprit sur les bateaux que tu as vus.

Étape 2 : tu choisis (par exemple) tout ce qui te vient à l'esprit sur ce qu'il y a dans les rues du village (commerces, pavés, statues, etc.)

Étape 3 : tu choisis (par exemple) tout ce qui te vient à l'esprit sur la plage (les gens, le sable, le soleil), etc.)

Vas-y (sur les bateaux) :

....

....

....

Vas-y (sur le village) :

....

....

....

Vas-y (sur la plage) :

....

....

....

Étape 4 : mélange maintenant tous ces renseignements (en les alternant, c'est mieux) dans une même rédaction de 9 à 10 lignes

Vas-y :

Alors… ? Il est pas mal ton texte là aussi, non ?! Bravo ! Ce qui marche dans la segmentation, c'est que ton cerveau ne s'occupe pas des détails qui ne rentrent pas dans la catégorie dont tu as choisi de parler. Du coup, tu te concentres sur cette catégorie. Tu fais alors preuve de ce qu'on appelle « une attention sélective » ; ça te fait gagner du temps à ne pas te disperser, ça développe du coup ta créativité et te fait passer un peu plus de temps sur des détails que tu aurais oubliés si tu étais resté(e) dans la globalité floue de la consigne.

Je segmente pour faire un résumé

UTILE POUR LES MATIÈRES LITTÉRAIRES

Supposons que tu doives écrire un résumé d'un texte d'histoire portant sur la vie de Louis XIV (sans plus de précision !). Comme pour l'exercice précédent, tu ne vas écrire au brouillon que ce qui concerne un seul angle, une seule catégorie. C'est toi qui choisis ces angles.

Par exemple :

– 4 phrases sur les relations entre Louis XIV et ses ministres,

– 4 phrases sur les relations entre Louis XIV et les autres personnes habituellement « puissantes » en France, que sont les nobles et les administrateurs.

Remarque : en plus des avantages déjà vus à l'exercice précédent, ici en créant des catégories tu fais tout à fait ce que les professeurs d'histoire attendent. Ils aiment les synthèses séparées en paragraphes, qui ne sont rien d'autre que tes catégories.

Donc, contrairement à la rédaction en français, là tu ne mélangeras pas les catégories quand tu vas passer « au propre ».

Il est également conseillé d'utiliser d'autres mots que ceux du texte (quand on le peut) pour ne pas faire du simple « copier-coller », jamais apprécié.

« Louis XIV a été éduqué dans l'idée qu'il est un roi de droit divin, maître absolu du territoire et des hommes (ses sujets) de son royaume. Personne ne peut lui commander et il ne doit de compte qu'à Dieu, dont il est le lieutenant dans le royaume. Tout doit donc plier devant sa volonté.

À la mort de Mazarin, en 1661, Louis XIV commence à exercer le pouvoir. Il décide alors, pour être libre dans ses décisions, de ne pas gouverner avec un Premier ministre. Il aurait dit, ce jour-là, "l'État, c'est moi !". Il aura désormais tous les pouvoirs, législatifs, exécutifs et judiciaires. Il aura ainsi établi une monarchie absolue. Pendant cinquante-quatre ans, chaque jour, il s'impose de nombreuses heures de travail afin d'étudier les dossiers, consulter et prendre ses décisions. La volonté du roi est la loi. Pour l'aider à prendre ses décisions, les ministres préparent les dossiers, puis la décision prise ils exécutent les ordres du roi. Au début de son règne personnel Louis XIV a bénéficié des ministres ayant déjà exercé sous Mazarin comme Jean-Baptiste Colbert ou Michel Le Tellier et son fils Louvois. La longueur du règne fait qu'il y aura un renouvellement du personnel. Cependant les ministres seront souvent recrutés dans les mêmes familles que Louis XIV fait entrer en rivalité. La plupart sont de noblesse récente et doivent tout à la faveur royale. Beaucoup de décisions sont prises à l'issue des conseils qui regroupent du personnel compétent (conseillers d'État, intendants de finances...) et un très petit nombre de ministres en lesquels le roi a toute confiance.

Louis XIV écarte systématiquement la haute noblesse. Celle-ci doit se contenter de charges prestigieuses mais sans pouvoir réel (comme gouverneur de province) ou exercer les grands commandements militaires. Une grande partie séjourne à la Cour où elle doit mener un grand train de vie qui l'oblige à quémander les largesses financières du roi.

Pour faire exécuter ses décisions dans toute l'étendue du royaume, le roi dispose d'une administration peu nombreuse mais souvent de qualité. La nomination et la carrière de ces administrateurs (en particulier les intendants) dépendent de la seule décision du roi. Les juges siégeant dans les différents parlements ont perdu le droit de s'opposer aux volontés du roi. »

« Louis XIV de France », vikidia.fr, consulté le 5 juin 2015.

Étape 1 : choisis dans le texte des passages qui parlent du type de relation que Louis XIV avait avec ses ministres (ne les choisis pas tous sinon ce n'est plus un résumé !).

Vas-y :

....

....

....

....

Étape 2 : choisis dans le texte des passages qui parlent du type de relation que Louis XIV avait avec les nobles et les administrateurs (là non plus, ne les choisis pas tous).

Donne-toi pour objectif de le dire en environ 4 lignes et avec d'autres mots que ceux écrits dans le texte.

Vas-y :

....

....

....

....

Étape 3 : écris au propre ce que tu as écrit au brouillon, sans rien changer. Sépare simplement les 2 paragraphes en soulignant leurs titres, qui seront simplement le nom des angles que tu auras choisis.

Ici, ce serait :

1. Les relations entre Louis XIV et ses ministres

....

2. Les relations entre Louis XIV et les nobles ainsi que les administrateurs

....

Je segmente pour relire ma copie

UTILE DANS TOUTES LES MATIÈRES

Le piège est donc de relire globalement la copie, sans savoir ce qu'on cherche et en se demandant simplement si « globalement » cela correspond à ce que l'on voulait faire. La réponse sera alors donc toujours « oui » et la relecture aura ainsi été bâclée et n'aura servi à rien.

Pour contourner ce piège, il faut segmenter la relecture, c'est-à-dire relire plusieurs fois, mais en ne se concentrant à chaque fois que sur une seule chose !

Comme une sorte de filtre. Puis on change de filtre (c'est-à-dire on s'intéresse à une autre catégorie de choses, etc.).

Exemple

Voici la copie d'un élève en réponse à un énoncé de mathématiques. L'objectif va être de vérifier cette copie avant de la rendre au professeur, en appliquant 3 filtres différents, au lieu d'une lecture globale et donc forcément bâclée.

Énoncé

Un cycliste a roulé pendant 3 heures et a parcouru 70 km. Il a alors fait une pause de 15 minutes puis a parcouru 90 km en 4 heures. Quelle a été la vitesse moyenne de ce cycliste sur son trajet (pause comprise) ?

Voici sa copie (avec parfois des erreurs) qui va être à relire avant de la donner au professeur :

Il a roulé pendant 3 heures + 15 minutes + 4 heures. Ça fait 7,15 heures. Comme il a fait 70 km + 90 km, cela fait 160 km.

Il faut appliquer « la règle de trois » pour trouver le résultat.

Cela fait 160/7,15, ce qui fait (grâce à la calculatrice) environ 22,38 km/h en moyenne.

1er filtre de relecture : **tu relis une première fois cette copie mais en ne vérifiant que la méthode. Tu ne fais pas attention au reste.**

- Il a divisé le nombre de kilomètres par le nombre d'heures passées sur la route, pour trouver la vitesse moyenne.

Est-ce la bonne méthode ? Oui ☐ Non ☐

2e filtre : **tu relis une deuxième fois cette copie mais en ne vérifiant que les éventuelles « erreurs de calcul ».**

- Il a dit que le cycliste a parcouru 160 km. Oui ☐ Non ☐
- Il a dit que le trajet du cycliste a duré 7,15 heures. Oui ☐ Non ☐
- Comme il a additionné des nombres qui n'étaient pas dans les mêmes unités, le nombre 7,15 heures est forcément faux. Il faut déjà convertir les 15 minutes en heures.

En fraction, 15 minutes sont égales à combien d'heures ? ....

- Il faut donc calculer $3 + \frac{1}{4} + 4$, ce qui donne en fraction : ...., ou alors en écriture décimale : ....
- Il faut donc diviser 160 par $\frac{29}{4}$ ou, si on veut, par 7,25 ce qui donne environ 22,07 km/h.

3e filtre : tu relis une troisième fois cette copie en ne vérifiant que la qualité de rédaction (vocabulaire, grammaire...).

- Il utilise souvent le mot « fait ». Peux-tu trouver d'autres mots plus précis ou plus jolis à certains endroits où il l'utilise ? ....
- Comme son nom l'indique, « la règle de 3 » (dont il parle) fait intervenir 3 nombres. Est-ce le cas ? Oui ☐ Non ☐

C'est la fin : compte tenu de tes 3 relectures par filtre, écris maintenant sur une feuille, une bonne rédaction et sans erreur de calcul... !

Bravo ! Adieu les points perdus avec cette méthode (que l'on peut appliquer dans toutes les matières : ce ne seront pas les mêmes filtres que tu choisiras mais c'est tout).

3 Je gère mon stress

Paroles d'élèves

Je savais tout hier, quand j'ai lu mon cahier, et aujourd'hui, lors du devoir, plus rien.

On nous dit toujours qu'il ne faut pas stresser lors des DS mais comment on fait ?! Plus facile à dire qu'à faire.

J'ai peur de rater.

Le fait que ce soit en temps limité, ça me stresse.

Les solutions me reviennent toujours en tête, mais une fois que le contrôle est terminé et que je suis dehors…

Paroles de parents

Il commence systématiquement par la première question du premier exercice et s'il bloque, alors il panique et se sent bloqué pour tout le reste du contrôle.

Juste avant un contrôle de maths, elle a toujours très mal au ventre.

La veille d'un contrôle, elle est dans tous ses états !

Je lui dis de respirer profondément avant de lire le sujet mais il me dit que ça ne sert à rien ou que ça ne marche pas.

Objectif

Je veux apprendre à déjouer les situations de stress

- **Les adultes sont souvent impuissants** face au stress de leurs enfants. À la plainte « je suis stressé » est généralement associée la réponse « tu n'as qu'à pas stresser ». Le « je panique » est associé au « mais il ne faut pas paniquer , il n'y a pas de raison », etc.

  Le stress et le trou noir sont alors associés à des troubles que certains auraient depuis quasiment toujours et d'autres pas. **On laisse alors sous-entendre aux élèves qu'il n'y a rien à faire, ou qu'il y a une compétence à avoir mais sans leur donner de technique facilement utilisable le jour J.**

- **Car si, évidemment, il ne peut qu'être positif** de recommander à l'élève de respirer profondément avant de débuter le contrôle, de faire attention à sa posture, de bien manger, de bien dormir, etc., tous les élèves diront que les effets de toutes ces bonnes résolutions s'évanouissent dès les premières minutes du devoir (voire avant...).

- **Certains adultes (parents comme enseignants) sentent qu'il faut « jouer stratégique »** en termes de gestion du temps et proposent généralement la technique suivante: « tu commences par la première question du premier exercice et si tu n'y arrives pas, tu passes à la suivante ». Stratégie que quasiment tous les élèves suivent car empreinte de bon sens. Mais c'est mal connaître l'origine des trous noirs, qui est due à la libération d'hormones de stress (cortisol et noradrénaline). Car commencer par une question et s'apercevoir que l'on n'y arrive pas est perçu comme un échec par le cerveau et le taux d'hormones de stress augmente alors; même en passant à la question suivante, c'est trop tard, le mal est fait !

- **L'astuce réside dans l'objectif contraire : démarrer en situation de réussite en choisissant les questions les plus faciles** (même si elles ne sont pas écrites en début d'énoncé). Ainsi le taux d'hormones de stress baisse mécaniquement, sans avoir à faire preuve de volonté particulière ni avoir suivi de cours de yoga intensifs.

L'explication neuroscientifique

On sait tous que lorsque l'on est stressé, on ne parvient pas à se souvenir clairement de ce que l'on a pourtant appris. C'est le très connu « trou noir ».

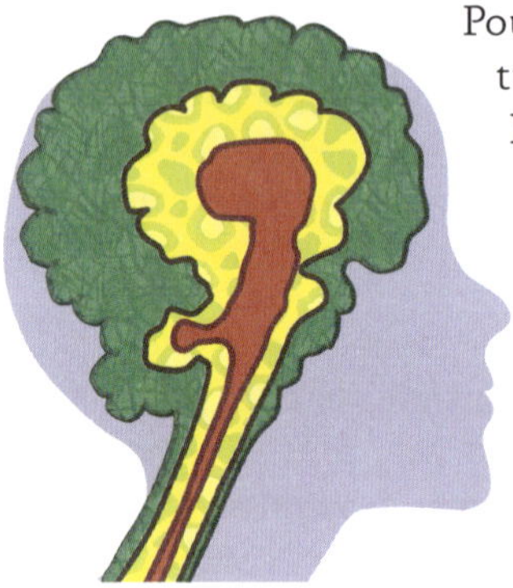

Pour simplifier (modèle de MacLean), le cerveau est constitué de trois couches qui communiquent entre elles.
Les connaissances scolaires sont stockées au « 3e étage » dans ce que l'on appelle « le cortex » (en vert). Le « 2e étage » (appelé « le cerveau limbique », en jaune) se charge de la gestion des émotions. Le « 1er étage », en rouge, s'appelle le « cerveau reptilien » et s'occupe de tout ce qui se rapporte aux besoins primaires (faim, soif, sommeil, etc.). En cas de trop gros stress, une partie du 2e étage, que l'on appelle « l'amygdale », (rien à voir avec « les amygdales » !) libère des hormones de stress (cortisol et noradrenaline) en trop grande quantité et bloque alors l'accès aux connaissances que l'on avait pourtant révisées mais qui sont stockées, au 3e étage…

À notre stade d'évolution, le cerveau limbique ne fait pas encore la différence entre un tigre qui nous attaque et un devoir surveillé de mathématiques… d'où sa réaction excessive. Et ce cerveau limbique bloque l'accès au cortex car il estime qu'il y a plus urgent et plus rapide à faire pour notre « survie » que de réfléchir… !

C'est alors le trou noir. Il ne disparaîtra qu'une fois le taux d'hormones de stress redescendu.

Comment faire pour échapper à ce piège ?
L'objectif est de mettre le cerveau en situation de réussite pendant le plus de minutes possible d'affilée, dès le début du devoir. Le taux d'hormones de stress va alors baisser jusqu'à un niveau qui va permettre par la suite de récupérer les informations apprises.

Je m'entraîne

Stratégie pour les devoirs à plusieurs questions

- Lis toutes les questions du sujet sans chercher à en commencer une, mets un « OK » devant chaque question que tu sais faire à coup sûr, un « ? » devant celles où tu as un doute et un « X » devant celles qui ne te disent rien.
- Puis commence par répondre d'affilée à toutes les questions classées OK (même si ce n'est pas chronologique). Quand tu auras fini cette phase et que tu te pencheras sur les autres questions, certains « ? » ou « X » seront devenus des « OK », car le taux d'hormones de stress aura baissé.

Stratégie pour les devoirs à une seule question

Dans ce cas, il est recommandé d'écrire au brouillon des choses que l'on sait pendant quelques minutes, même si cela ne te paraît pas encore en lien étroit avec la question. La notion de réseau neuronal t'aidera à aboutir par ricochet à quelque chose de souhaité, et ceci pendant une phase de « réussite » (forcément).

N.B : il ne faut pas hésiter non plus à faire comme les sportifs de haut niveau qui sont adeptes des « routines », des « rituels ». Pour assurer les premiers instants, ils reproduisent des gestes familiers pour être en situation de réussite et faire baisser le taux d'hormones de stress. En classe, cela peut consister à vider tranquillement sa trousse, préparer tranquillement sa feuille, etc., toujours de la même manière.

4 Autres astuces pour être meilleur(e) le jour J

J'essaie de me rappeler ma leçon avant d'ouvrir mon cahier

• Lors d'une révision, il ne faut pas ouvrir le cahier en 1re étape mais en 2e étape. Car, par exemple, supposons que tu doives mémoriser 6 mots : arbre, branches, canal, daim, élagage, forêt.

Et que pour toi, « forêt » est l'indice récupérateur des autres (car tu vois bien des arbres, des branches, un canal, un daim, de l'élagage, dans une forêt).

• Si tu commences par ouvrir ton cahier, sans t'en rendre compte tes yeux vont tomber sur le mot « forêt », te restituant ainsi immédiatement les 5 autres mots.

Tu auras alors l'impression d'avoir tout mémorisé facilement, en un temps record...

En fait, il serait plus juste de se dire : « si demain j'ai de la chance et que mon indice récupérateur (forêt) se trouve dans l'énoncé du devoir, alors je me souviendrai des 5 autres mots. »

Mais s'il n'y est pas... ?

• Il s'agit là de l'une des explications à la classique phrase des élèves « je ne comprends pas... hier quand j'ai lu mon cahier je savais tout et aujourd'hui, le jour du devoir, je ne savais presque plus rien... ».

Ne connaissant pas l'existence des indices récupérateurs, et encore moins celle d'éventuels indices récupérateurs que l'on n'a pas conscience d'avoir lus dès les premiers dixièmes de secondes, l'illusion de la réussite facile est parfaite... puis cruelle.

Stratégie pour contourner le problème

1. **Cahier fermé, écrire d'abord au brouillon** tout ce dont on se souvient spontanément, sans aide.

2. **Ouvrir alors le cahier et comparer** avec le cours pour voir ce que tu n'avais pas noté (et qu'il faut donc mémoriser...).

3. **Noter** alors sur une feuille, **uniquement ce que tu n'as pas restitué spontanément.**

4. **Mémoriser le contenu de cette feuille.**

5. **Tu auras ainsi à la fois évité le piège des indices récupérateurs « invisibles »**, et réduit ta dose de travail puisque tu sais ainsi également ce que tu n'as pas besoin de mémoriser (car déjà acquis).

J'apprends mes leçons dans un environnement favorable

Quand tu révises à la maison, essaie de ne pas stresser le cerveau limbique. Pour cela :

- Dans ton espace de travail, n'hésite pas à :

– faire en sorte qu'il y ait un **maximum de surface visible sur ton bureau** (cela diminue le nombre d'informations que le cerveau doit scanner),

– choisir un **bon éclairage** (équivalent de 100 watts), à gauche de toi si tu es droitier (le contraire si tu es gaucher) pour éviter les ombres qui énervent le cerveau limbique...

– garder toujours un **cahier de brouillon** sur le bureau pour y noter les pensées parasites, et en débarrasser la mémoire de travail (cela diminue également le stress dû à la crainte de l'oubli),

– travailler sans musique, facebook, twitter, télé, famille...

- Le top, c'est de faire pareil, dans l'intégralité de ta chambre, bien sûr... !

Le cas très discuté de la musique

- Le cerveau limbique apprécie les musiques que l'on aime. Il y a émotion positive donc cela lui plaît, d'où cette impression que l'on apprend mieux quand on met de la musique.
- En fait, la réalité est plus subtile : on est plus détendu avec de la musique, c'est prouvé. Par contre, si on regarde côté performances, le bilan est plus contrasté :

– si la musique est sans paroles, ou avec paroles mais pendant une activité où il ne s'agit pas d'apprendre des mots, de les mémoriser, toujours pas de problème (ex : recopier au propre, trier, colorier, etc.),

– dans le cas contraire, le cerveau (cortex) doit gérer deux tâches concurrentielles liées au langage, et là les recherches sont formelles : baisse de 40 % côté mémorisation et de 25 % côté résultats scolaires.

Donc pour gagner sur les deux tableaux :

– soit tu t'accordes un temps pour mettre de la musique jusqu'à ce que tu sois bien détendu(e) puis après tu éteins la musique pour travailler,

– soit tu choisis d'en mettre ou pas, selon le type de travail que tu as à faire (simple recopie ou mémorisation ?).

Remarque : dans certains cas, la musique au contraire peut servir d'isolement à d'autres bruits plus importants (ambiance très bruyante à la maison, bar, etc.).

Je veux me souvenir plus longtemps

Comment consolider l'information stockée

1. Je mémorise en me posant des questions

2. Je me détache du contexte d'apprentissage

3. Autres astuces pour se souvenir plus longtemps

1 Je mémorise en me posant des questions

Paroles d'élèves

On a trop de devoirs à la maison.

Oui je bavarde souvent en cours mais je prends toujours la correction des exercices ; comme ça je la verrai chez moi.

Je n'aime pas faire plusieurs fois la même chose.

Si j'ai compris, je n'ai pas besoin de réviser ou de faire des exercices.

Je n'aime pas quand un prof m'interroge.

Paroles de parents

J'ai beau lui dire qu'il faut s'entraîner comme au football, il ne veut pas.

Quand elle rentre de l'école, elle ne veut pas entendre encore parler de travail.

Elle ne note même pas ses exercices à faire sur son agenda.

Il n'aime pas s'entraîner !

Il ne fait pas ses devoirs, il dit que ça ne sert à rien.

Il me dit toujours qu'il n'a pas de devoir.

Objectif

Je m'entraîne en revenant plusieurs fois sur la même leçon

- **Depuis toujours, les élèves n'aiment pas faire leurs devoirs** à la maison et nombreux sont ceux qui voient cela comme un poids inutile et une punition supplémentaire à leur journée de cours. Dans la plupart des cas, ils considèrent qu'à l'école ils ne peuvent guère échapper au travail demandé par les professeurs parce que le lieu est dédié à cela mais qu'une fois à la maison, une deuxième vie commence, sans exercices à faire, et que tout ceci est facultatif.

  Toutes ces croyances sont basées sur une autre erreur fondamentale qui est de croire qu'avoir compris suffit. Et que les exercices ne sont là que pour « rattraper » ceux qui n'ont pas compris ou pour les élèves « passionnés » par la matière en question !
  Or n'importe quel adolescent pratiquant un sport ou de la musique, par exemple, sait qu'il existe les « gammes » (répéter, répéter, répéter) et les « variations » (des instants sous d'autres angles, d'autres formes) et que ces deux types d'exercices sont ceux qui permettent de maîtriser convenablement un geste ou une notion. Ces adolescents le savent empiriquement.

- **De nos jours, les avancées en neurosciences** permettent de confirmer que **cette impression d'aisance sans cesse croissante que l'on ressent une fois les exercices menés à leur terme, provient de connexions neuronales qui se consolident**, deviennent plus rapides et se multiplient. Chose que le cerveau mettrait bien plus de temps à produire si on comptait plus sur les hasards de la vie que sur des exercices ciblés, pour aboutir au même niveau de maîtrise.

- **Plus on revient sur une notion, et de manière différente, plus elle est stockée de manière solide dans le cerveau.** Pour ceux qui n'aiment pas l'école, faire leurs exercices peut aussi être vu comme un moyen de rentabiliser au moins ce qu'ils ont compris en classe... Sinon, c'est l'effacement par le cerveau qui nous attend...

Le test

Étape 1. *Lis d'abord une fois ce texte, calmement.*

« En 49 avant J.C, après sa conquête de la Gaule, César rentre en Italie, avec ses légions, mais se heurte au consul Pompée, soutenu par le Sénat, et déclenche une guerre civile. César, qui de bonne heure avait eu le projet d'éliminer tous ses rivaux, avait fait comme un athlète qui va se préparer loin de l'arène où il doit combattre. Il s'était éloigné de Rome et avec la conquête de la Gaule, il avait endurci son armée, augmenté sa gloire et égalé les exploits de Pompée.

Lorsqu'il fut sur les bords du Rubicon, fleuve qui sépare la Gaule cisalpine du reste de l'Italie, il s'arrêta et réfléchit, pesa le pour et le contre. Enfin, il déclara : *Alea Jacta Est!* ("le sort en est jeté !") et franchit le Rubicon. Pompée était supérieur à César par le nombre de ses troupes, mais suite à de fausses nouvelles et à la peur qu'elles lui inspiraient, il abandonna la ville. Il ordonna au Sénat et à tous ceux qui préféraient la liberté à la tyrannie de le suivre. »

Étape 2. *Toutes les affirmations suivantes sont fausses. Pour chacune d'entre elles, recherche dans le texte (tu as le droit de relire le texte autant de fois que tu veux) pour quelle raison on peut dire qu'elle est fausse.*

1. En Italie, César n'a pas d'ennemi dont on connaît le nom.
2. Après sa conquète de la Gaule, César revient en Italie où tout devient paisible une fois qu'il arrive.
3. Avant de rentrer en Italie, César n'a pas hésité un seul instant.
4. Pompée a eu peur parce qu'il avait moins de soldats que César.

Étape 3. *À présent, cache le texte et les questions de l'étape 2, puis réponds aux questions suivantes :*

1. Quel est le nom de l'ennemi de César en Italie ?
2. Qu'arriva-t-il en Italie, une fois que César fut rentré ?
3. Comment s'appelle le fleuve au bord duquel il a réfléchi longuement avant de rentrer en Italie en le franchissant ?
4. Pour quelle raison Pompée abandonna-t-il la ville ?

Étape 4. *Finis ce test en citant oralement toutes les autres informations du texte dont tu te souviens (dans n'importe quel ordre) et qui n'auraient pas déjà été dites dans l'étape 3.*

Alors... ??! Lors de l'étape 3, à combien de questions as-tu réussi à répondre : 2 ? 3 ? 4 ? Bravo ! Et pourtant à aucun moment nous t'avions dit avant, de mémoriser ces réponses... !!! Et malgré tout, tu t'en souviens...

Tu as réussi à dépasser tes limites en utilisant une astuce du cerveau !
Laquelle ?
Celle qui consiste à simplement être exposé plusieurs fois à une situation (un texte ou autre chose) pour être capable de mémoriser de plus en plus d'informations même si ce n'est pas notre but initial ! *C'est fou, non ?*

L'explication neuroscientifique

- **Une connaissance commence à être mémorisée quand il y a un aller-retour entre mémoire de travail et mémoire à long terme.**
  La mémoire de travail accueille ce que l'on est en train de faire, de lire, d'entendre, etc., et le mélange avec ce que l'on sait déjà.
  Le cerveau transfère alors ce mélange dans la mémoire à long terme où il est stocké.
  Nous n'avons pas conscience de tout ce qui est accueilli par la mémoire de travail, comme l'a montré le test précédent.

- **Plus on fera d'allers-retours** entre la mémoire à long terme et la mémoire de travail, et mieux on mémorisera. Car à chaque aller-retour, l'influx nerveux (électricité + chimie) utilisera le même trajet, et les recherches ont montré que cela consolidait le souvenir (les routes neuronales deviennent plus larges, plus stables, et plus rapides – comme un chemin devient une autoroute).

  Conclusion: plus on répète, plus une connaissance devient solide et sa restitution facile et rapide.

- **Remarque:** d'ailleurs, à l'inverse, tout le monde sait que lorsqu'on bachote et mémorise seulement la veille d'un examen, on ne se rappelle pas de grand-chose une semaine après!

- **Pour résumer:** a-t-on conscience de tout ce qui passe par notre mémoire de travail? Non. À l'inverse, si je sais à quoi je suis en train de penser, puis-je dire que cette information est actuellement dans ma mémoire de travail? Oui.

Exemple:

Tu as 5 ans, tu vois le Père Noël dans ta maison, et tu l'entends te dire: «joyeux Noël!» Ces informations entrent alors dans ta mémoire de travail.
Spontanément, cela t'évoque: «Noël? Tiens, ça me fait penser au 25 décembre, aux bûches en dessert, aux dindes rôties».

Ton cerveau vient ainsi d'extraire ces informations de ta mémoire à long terme et les met, elles aussi, dans la mémoire de travail.

La mémoire de travail mélange alors tout cela et en fait une « scène », une « histoire », une opinion, une prédiction.

Par exemple : « Oh, le Père Noël ... ! Il va peut-être rester ce soir à la maison, pour faire rôtir une dinde, puisque c'est Noël ... ».

Impossible de savoir à l'avance ce que va être ce mélange, ni même d'en avoir forcément conscience.

À l'issue du test, tu as compris que c'est en répondant à des questions et en recherchant les réponses, que sans en avoir conscience, on mémorise d'autres informations vues au cours de la recherche.

Et tu dois en être encore plus convaincu(e) si lors de la 4e étape, tu es parvenu(e) à ressortir une ou deux informations de plus... !

Pour maîtriser une situation nouvelle, ce qui compte pour le cerveau c'est d'être exposé plusieurs fois à une situation, sous différents angles.

C'est pour cela que les professeurs demandent de faire des exercices (car tu vas forcément t'interroger sur la leçon et ton cerveau va mémoriser sans que tu en aies conscience) ou de participer en classe (car l'intérêt, le questionnement, peut aussi venir de toi). Le cerveau fera alors lui aussi son travail de mémorisation, l'air de rien ! C'est fou, non ?

Je m'entraîne

Je fais des exercices pour mettre en application ce que j'ai appris

UTILE POUR LES MATIÈRES LITTÉRAIRES

• Utilise la règle des cinq W

Pour mettre de l'ordre dans un document, tu peux utiliser la « règle des cinq W ».

Les cinq W sont (en anglais) : who ? what ? where ? when ? why ?

Ce qui donne en français : qui ? quoi ? où ? quand ? pourquoi ?

Réponds à ces cinq questions pour tout document et tu le maîtriseras à fond !

À propos des Gaulois

Lis le texte suivant et réponds aux questions.

> « Vers 600 avant J.-C., sous l'influence des Phocéens, les Gaulois adoucirent et quittèrent leur barbarie et apprirent à mener une vie plus douce, à cultiver la terre et à entourer les villes de remparts. Ils s'habituèrent à vivre sous l'empire des lois plutôt que sous celui des armes ; à tailler la vigne et à planter l'olivier, et le progrès des hommes et des choses fut si brillant qu'il semblait, non pas que la Grèce eût émigré en Gaule mais que la Gaule eût passé en Grèce. »
>
> D'après Justin, *Histoire universelle.*

Qui : de quel peuple parle-t-on ? Réponse : ....

Quoi : qu'ont-ils fait ? Réponse : ....

Où : dans quel pays ? Réponse : ....

Quand : à quelle époque ? Réponse : ....

Pourquoi : grâce à qui ? Réponse : ....

• Pose-toi des questions intermédiaires

UTILE POUR LES MATIÈRES SCIENTIFIQUES

Pour t'aider à résoudre un problème, tu peux te poser des questions intermédiaires, qui ne sont pas forcément dans l'énoncé, mais que tu sens à ta portée.

1 Rénovation

Voici l'énoncé tel qu'il a été posé par le professeur :

> Un couple veut rénover son salon. Pour cela il envisage de changer la tapisserie et le carrelage. Ils achètent 8 rouleaux de tapisserie à 11,50 € le rouleau, et 30 m^2 de carrelage, à 15 € le m^2. Le carreleur prend 45 € de l'heure et envisage de travailler 12 heures.
>
> Combien vont coûter les travaux ?

1. Quelles sont les trois questions intermédiaires que tu peux te poser car tu vas en avoir besoin en y répondant, pour trouver le coût total des travaux ?

– Combien va coûter ....

– Combien va coûter ....

– Combien va coûter ....

2. Réponds à ces trois questions intermédiaires et donne la réponse à la question posée.

....

....

....

2 Médiatrices

Voici l'énoncé tel qu'il a été posé par le professeur.

On considère un triangle ABC quelconque, avec la médiatrice du segment $[AB]$ déjà tracée, ainsi que celle du segment $[BC]$. On appelle O le point d'intersection de ces deux médiatrices.

Montrer que O appartient aussi à la médiatrice du segment $[AC]$.

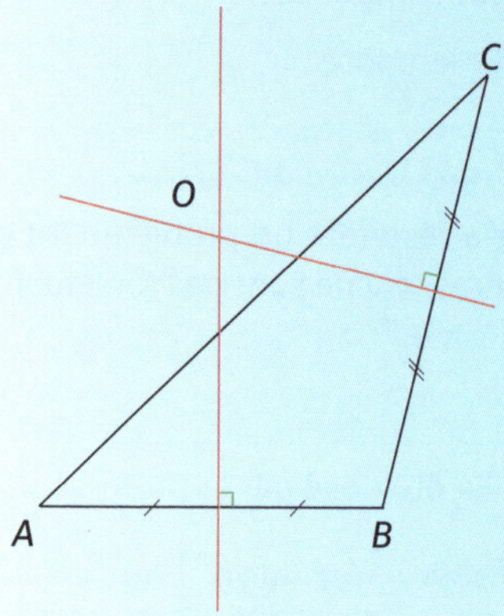

Pas facile comme problème, n'est-ce pas ? En tout cas, sans questions intermédiaires... Complète les pointillés qui suivent.

1. En regardant dans ton cours ce qu'est une médiatrice et surtout ses propriétés de distance, montre que la distance OA est égale à la distance ....

De la même manière, montre que la distance OB est égale à la distance ....

Grâce aux réponses aux deux questions intermédiaires précédentes, déduis-en que la distance .... est égale à la distance ....

2. Explique (en une phrase ou à l'oral) pourquoi l'exercice qu'on proposait au départ est maintenant terminé !

3 En train…

Voici l'énoncé d'un problème :

> Un train part de Paris à 16 h 33 avec 230 passagers à bord. À 17 h 45, le train s'arrête à Lyon. 22 passagers y descendent et 31 montent. Le train redémarre et arrive à Valence où 40 passagers descendent et 10 montent. Le train redémarre alors pour Montpellier (son terminus).

Réponds aux questions suivantes :

1. Y a-t-il plus de passagers dans le train, quand il démarre de Lyon que quand il est arrivé à Lyon ? Combien en plus (ou en moins) ?

……………………………………………………………………………………

2. Y a-t-il plus de passagers dans le train, quand il démarre de Valence que quand il est arrivé Valence ? Combien en plus (ou en moins) ?

……………………………………………………………………………………

3. Trouve alors à quelle question, ces deux questions intermédiaires permettraient de répondre :

……………………………………………………………………………………

UTILE DANS TOUTES LES MATIÈRES

J'apprends ma leçon en la répétant plusieurs fois

1 Histoire d'éléphants

PARTIE 1

Voici 15 affirmations vraies sur les éléphants.

1. L'éléphant est capable de dormir debout.
2. Il mange aussi bien des fruits que des herbes, ou même du bois.
3. Il boit environ 140 litres d'eau par jour.
4. Le cri de l'éléphant s'appelle le barrissement.
5. Les troupeaux d'éléphants sont toujours composés d'environ une dizaine d'éléphantes avec leurs éléphanteaux.

6. Des parasites viennent se loger dans les plis de la peau des éléphants.
7. La couleur de la peau de l'éléphant est grisâtre.
8. Il aime bien prendre des bains de boue.
9. Il a 24 dents à l'âge adulte.
10. Sa trompe pèse environ 100 kilos.
11. Il est le symbole de la sagesse en Inde.
12. Ses pattes de devant ont une forme arrondie alors que celle de derrière ont une forme ovale.
13. Il aspire dans sa trompe jusqu'à 10 litres d'eau puis les met dans sa bouche pour les boire.
14. L'éléphant est l'emblème de la Côte d'Ivoire.
15. Un éléphant ne peut pas sauter.

Lis cette liste une fois à haute voix, puis en la masquant, dis à l'oral tout ce dont tu te souviens même si ce n'est pas avec les mêmes mots (intéresse-toi uniquement au contenu des informations sur les éléphants). À la fin, fais le bilan du nombre d'informations que tu as réussi à restituer.

PARTIE 2

Étape 1 : lis à voix haute la première ligne ; en la masquant re-donne son contenu. Puis regarde à nouveau la liste et lis à voix haute les deux premières lignes. Masque la liste puis essaie de redire les deux lignes (dans n'importe quel ordre et même avec d'autres mots).

Étape 2 : fais pareil avec les 3 premières lignes ; puis avec les 4 premières, etc. À chaque fois, lis à voix haute depuis la première ligne.

Étape 3 : à la fin de ce cumul, fais le bilan du nombre d'informations que tu as réussi à ressortir. Et vois si tu en as dit plus que dans la première partie.

2 Poésie

Apprends le poème suivant, en utilisant la technique cumulative décrite dans l'exercice précédent sur les éléphants (la 1re ligne du poème, puis la 1re + la 2e, puis la 1re ligne + la 2e + la 3e, etc.).

Remarque : on peut adopter la même technique en apprenant strophe par strophe (ici chacune ne fait que deux lignes, donc c'est facile).

J'ai rencontré trois escargots
Qui s'en allaient cartable au dos

Et dans le pré trois limaçons
Qui disaient par cœur leur leçon.

Puis dans un champ, quatre lézards
Qui écrivaient un long devoir.

Où peut se trouver leur école ?
Au milieu des avoines folles ?

Peut-être est-ce une aristoloche
Qui leur sert de petite cloche

Et leur maître est-il ce corbeau ?
Que je vois dessiner là-haut

De belles lettres au tableau ?

Maurice Carême, « Pigeon vole »,
La Lanterne magique, fondation Maurice Carême.

Remarque : s'il te vient l'envie de visualiser les scènes en imaginant des escargots avec un cartable, des limaçons qui récitent, des lézards qui écrivent, ce sera encore plus facile !

2 Je me détache du contexte d'apprentissage

Paroles d'élèves

On me dit que je ne travaille pas mais ce n'est pas vrai, je refais les exercices vus en cours.

Cet exercice de physique qui vient de tomber au devoir, je suis sûr qu'on ne l'avait pas fait ! Ce n'est pas normal… !

Je fais toujours les mêmes erreurs, pourtant je comprends quand on corrige.

À la maison, ça va mais en classe ça ne va plus.

Ah, c'est ça qu'il fallait faire ? ! Mais ce n'était pas écrit comme ça dans l'énoncé… ?!

Paroles de parents

En maths, il suffit que l'on change d'énoncé, et il ne voit pas que c'est le même exercice que celui d'avant… c'est fou, ça !

Quand il sait faire quelque chose, il veut l'appliquer à tous les exercices de maths même si ce n'est pas ce qu'il faut pour répondre à la question posée.

Il savait sa récitation à la maison mais plus du tout en classe, pourtant il n'est pas du genre à stresser.

Si ce n'est pas dit exactement pareil que dans les énoncés qu'elle a travaillés, c'est foutu.

Objectif

Je prends conscience que je suis souvent prisonnier du contexte d'apprentissage

Nombreux sont les élèves à savoir leur récitation ou autre chez eux mais beaucoup moins bien dans un autre lieu, comme dans la salle de l'interrogation (hors éléments dus au trac, bien sûr).

Cela est dû au lien que fait le cerveau entre le contenu et le contexte où ce contenu a été exposé pour la première fois.

De même, les professeurs connaissent le fort impact d'une anecdote racontée pendant le cours… puisqu'elle se retrouve systématiquement dans les copies du devoir qui va suivre quelques jours après ! Ils se plaignent d'ailleurs souvent que, dans les copies, ne figure que l'allusion à l'anecdote et non la connaissance qui était à apprendre ou à restituer…

S'il ne faut pas que l'enseignant abandonne cette habitude de raconter des anecdotes, il faut par contre que l'élève soit bien informé (d'où l'intérêt de ce livre…) que l'anecdote n'est que l'étape 1 de la restitution d'une information. Le cerveau va d'abord se souvenir de l'anecdote, puis l'utilisant comme indice récupérateur, va pouvoir restituer le reste en étape 2… (et c'est justement ce « reste » que l'enseignant veut voir sur la copie). Il est donc très important que les élèves soient conscients que l'anecdote n'est pas la connaissance demandée, mais qu'elle viendra forcément à l'esprit « grâce » (ou « à cause ») de ce lien contenu-contexte.

À l'inverse, puisqu'il n'est pas dans le pouvoir de l'élève de passer son devoir surveillé dans sa chambre et ainsi de bénéficier de l'effet « contexte identique au lieu de révision », **il est possible de se rendre moins sensible à un contexte unique, pour augmenter les chances de réussite le jour J**, en variant les lieux d'apprentissage : une fois dans la chambre, une fois dans la salle à manger, une fois dans la voiture, une fois dans le jardin, etc. Procéder ainsi apaise de surcroît le cerveau limbique (celui qui a peur…), qui aime repérer des points communs entre les situations, pour se rassurer et se dire qu'il connaît déjà tout cela.

Le test

Première partie

Regarde bien les 9 dessins ci-dessous, pendant 1 minute. Sur chacun se trouve un objet ou un personnage insolite. Au bout d'une minute, on va te proposer ci-dessous les mêmes dessins mais sans l'objet insolite (on aura mis les dessins dans le désordre pour que ce soit plus rigolo…).

Pour chacun de ces dessins, tu devras dire quel était l'objet insolite qui s'y trouvait (exemple : le fer à repasser sur le dessin de la Tour Eiffel). On y va… ?! C'est parti… !

Deuxième partie

Masque maintenant les dessins précédents et retrouve quel était l'objet ou le personnage insolite qui était sur chacune des images ci-dessous :

Alors… ??! Tu as bien réussi à retrouver les 9 objets insolites, n'est-ce pas ? Bravo !

Tu as réussi à dépasser tes limites en utilisant une astuce du cerveau ! Laquelle ? Celle qui consiste à disposer du contexte (ici, c'est le dessin de fond) dans lequel on a vu l'objet à retrouver.

Car le cerveau enregistre toujours toute nouvelle information avec son contexte (l'endroit, l'époque, etc.) ! C'est fou, non ?!

L'explication neuroscientifique

- **Le cerveau enregistre chaque information avec son contexte** (le lieu, l'événement, les personnes présentes, etc.).
  Les recherches ont montré que les taux de rappel de mots appris ou les taux de succès à une évaluation étaient toujours supérieurs lorsque l'évaluation était effectuée dans le même lieu ou selon le même contexte que la situation d'apprentissage. **Se rappeler du contexte (ou mieux, se remettre dans le même contexte) sert donc d'indice récupérateur au cerveau**.

- **C'est d'ailleurs ce phénomène** qui se produit quand un adulte rencontre un de ses collègues de travail, hors du contexte habituel comme par exemple au supermarché au lieu du bureau, de l'entreprise, etc. Nous sentons tous à cet instant que le cerveau reconnaît le visage mais se demande pendant une demi-seconde où nous avons vu cette personne auparavant, habituellement ! Ce délai provient de l'association « contexte-personne » qui n'est pas retrouvée.
  Adulte comme adolescent, voici d'ailleurs une situation classique que nous connaissons tous : on va dans la chambre et arrivé là-bas... on a oublié ce que l'on venait y faire...!!! On retourne alors un peu en arrière, en allant dans la pièce où on se trouvait juste avant (la cuisine, par exemple) et là... le souvenir revient : on allait dans la chambre pour prendre les draps qui seront à laver, dans le lave-linge de la cuisine !

- **La remise dans le contexte a permis de récupérer l'information.** Cette astuce que nous connaissons tous illustre cette propriété du cerveau. Nous avons donc tous des connaissances en neurosciences sans le savoir !

Je m'entraîne

Je repère le squelette d'un exercice de sciences

1 Les bidons

UTILE POUR LES MATIÈRES SCIENTIFIQUES

Un bidon contient 40 litres d'air dont 20 % d'oxygène. Combien de litres d'oxygène se trouvent dans ce bidon ?

En gardant les nombres de cet exercice, tu vas inventer l'énoncé d'un autre exercice qui demanderait de faire les mêmes opérations.

Pour cela, il suffit de t'imaginer avoir affaire à un zoo plutôt qu'à un bidon. À des lions plutôt qu'à de l'air. À des mâles plutôt qu'à de l'oxygène ! Complète les pointillés de l'énoncé suivant et tu auras réussi !

Ce zoo contient 40 .... dont 20 % de .... Combien .... se trouvent dans ce .... ?

2 Les cravates

Un magasin achète des cravates pour un total de 60 euros et compte les revendre 80 euros. Quelle est, en pourcentage, la marge que cela représente ?

En gardant les nombres de cet exercice, tu vas inventer l'énoncé d'un autre exercice qui demanderait de faire les mêmes opérations !

Pour cela, il suffit de t'imaginer avoir affaire à un restaurant plutôt qu'à un magasin. À un nombre total de clients plutôt qu'à un prix total de cravates ! Complète les pointillés de l'énoncé suivant et tu auras réussi !

Ce .... attend 60 .... Mais en fait, il reçoit 80 ....
Quel est, en pourcentage, la .... que cela représente ?

Je révise dans des endroits différents

UTILE DANS TOUTES LES MATIÈRES

Voici une courte poésie à apprendre :

Dans les bois

Au printemps l'oiseau naît et chante :
N'avez-vous pas ouï sa voix ?...
Elle est pure, simple et touchante,
La voix de l'oiseau – dans les bois !

L'été, l'oiseau cherche l'oiselle ;
Il aime – et n'aime qu'une fois !
Qu'il est doux, paisible et fidèle,
Le nid de l'oiseau – dans les bois !

Puis quand vient l'automne brumeuse,
il se tait... avant les temps froids.
Hélas ! qu'elle doit être heureuse
La mort de l'oiseau – dans les bois !

Gérard de Nerval, *Odelettes*, « Dans les bois », 1853.

1. Apprends-la dans une pièce chez toi.
2. Puis essaie de la réciter dans une deuxième pièce chez toi, d'abord sans regarder la feuille ; et si tu n'y arrives pas, en la regardant.
3. Puis dans la voiture de tes parents (ou le bus, ou à vélo).
4. Puis dans ton jardin ou dans la rue.

Ça y est, tu y arrives quel que soit le lieu? Bravo, cela veut donc dire que ton cerveau sera capable de la réciter en classe à coup sûr car il se sera débarrassé du contexte de la première fois où tu avais appris la récitation!

3 Autres astuces pour se souvenir plus longtemps

Participer en classe

Participer en classe (répondre à une question du professeur, donner un avis...) permet d'assurer automatiquement l'aller-retour « mémoire à long terme / mémoire de travail », et de laisser le cerveau faire le travail !

La participation n'est donc pas un acte inutile, ou de « fayotage » ou « un truc d'intello ». C'est la marque de quelqu'un qui sait comment son cerveau fonctionne et qui l'utilise avec astuce !

Le cerveau te récompensera, tu le verras et le sentiras vite...

Faire les exercices demandés et relire les exercices déjà faits

Faire (ou tenter de faire) les exercices demandés par les professeurs sert justement à créer ces « allers-retours » entre mémoire de travail et mémoire à long terme en faisant cohabiter le cerveau une nouvelle fois avec la situation...

Remarque : même si tu n'arrives pas à faire ces exos, des « allers-retours » entre mémoire de travail et mémoire à long terme auront eu lieu et tu auras progressé sans même le savoir.

Relis les cahiers comportant les exercices déjà faits, parles-en avec tes copains (« et toi tu fais comment quand c'est comme ça ? », etc.).

Faire une feuille de suivi de mes connaissances

Chaque jour, afficher une feuille organisée comme celle qui est ci-dessous, dans l'idéal dans une pièce qui n'est pas la chambre (sur un mur, sur le frigo, etc.), et où passent souvent les parents (salle à manger, cuisine) pour qu'ils puissent facilement et souvent tomber dessus.

Dans chaque rectangle, tu écris simplement le nom de la leçon du jour ET quelques mots clés de la leçon qui te viennent à l'esprit. Et c'est tout...

On peut alors échanger ou non entre parents et enfants à un moment quelconque.

Et au minimum, le simple fait d'avoir écrit, a déjà assuré des « allers-retours » entre mémoire de travail et mémoire à long terme !

Aujourd'hui 5 avril

Maths	SVT	Physique
Francais / Philo	Histoire	Langues
Techno	SES	EPS

Réviser et savoir quand réviser le plus efficacement

La bonne astuce c'est de réviser ! Car, par définition, cela permet de se replonger dans la situation donc d'effectuer des « allers-retours » entre mémoire de travail et mémoire à long terme.

Bon d'accord... mais si on n'a pas trop envie de le faire... ? ou de le faire au meilleur moment pour que ce soit le plus rentable avec le moins d'efforts... ?

Quand faut-il le faire dans l'idéal ?

Principe 1 : Le cerveau garde plus facilement ce qui a été vécu-vu (concrètement ou mentalement) au moins DEUX fois dans la journée.

Principe 2 : La règle du 1-1-1-1 (1 jour, 1 semaine, 1 mois, 1 semestre), illustrée par le dessin ci-dessous et les explications qui vont avec.

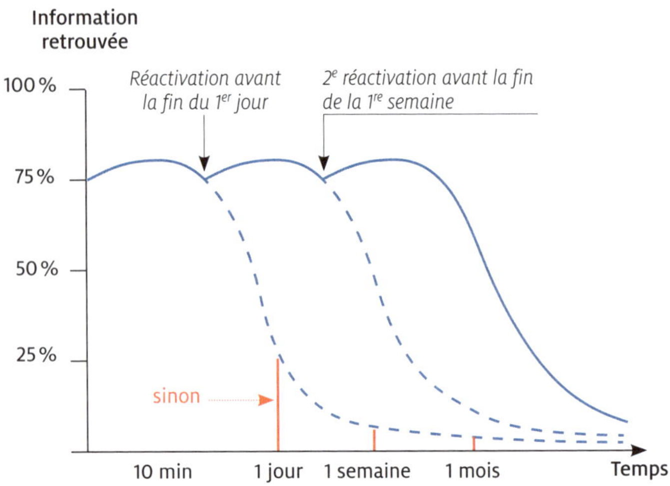

Explication du schéma : au bout de 24 heures, nous ne retenons tous qu'environ 25 % de ce que nous avons vécu et cela ne cesse de décroître au fil des jours (7 % au bout d'une semaine).

Mais si l'on revoit l'information dans les 24 heures, notre cerveau interprète cela comme une information utile et nous la « garde » pendant une semaine.

Et si nous recommençons au bout d'une semaine, la récompense sera le maintien de l'information en mémoire à long terme pendant 1 mois.

Et au bout d'un mois, pour un semestre.

Alors quitte à ne réviser qu'une fois...

...mieux vaut le faire dans les 24 heures qui suivent un cours, même si le prochain cours de la même discipline n'est que dans 3 jours...

C'est là que ton effort sera minimum et ton cerveau gardera l'information pendant une semaine (donc forcément jusqu'au prochain cours).

Remarque : d'un strict point de vue « message d'utilité envoyé au cerveau », réviser signifie simplement relire, revoir, re-rencontrer. Ne t'inquiète pas...

Par exemple : tu es un chat. Tu te pavanes dans le jardin de la maison de tes maîtres car c'est ton territoire depuis toujours.

Un jour, un chien entre dans votre jardin et commence à s'y attarder. Tu prends peur, tu te caches derrière un arbre, tu le regardes, puis tu le vois partir. Tu sors alors de ta cachette et recommences à te pavaner sur ton territoire en te disant « eh bien, quelle journée ! Un chien sur mon territoire, elle est incroyable cette journée ! ». Tu reprends tes habitudes.

Mais quelques heures plus tard, revoici le même chien qui entre à nouveau sur ton territoire, s'y attarde, etc.

Eh bien, c'est à cet instant que ton cerveau de chat (comme le nôtre) se dit « oh là là, deux fois en aussi peu de temps, ce n'est donc pas une coïncidence, donc il faut que je mémorise ceci, car cela va peut-être devenir une information dont il faudra que je tienne compte désormais, et changer d'habitudes. Par exemple, que je fasse attention en sortant de la maison... alors qu'avant je sortais en toute confiance en ne regardant rien de particulier. »

Si le chien était apparu deux fois dans un intervalle de deux mois par exemple, tu n'aurais pas changé tes habitudes de chat, car trop espacé pour être considéré comme important ou utile.

Complément sur ce thème des révisions :

Toutes les études montrent que répartir sur plusieurs fois la révision d'une leçon (cela s'appelle « un apprentissage distribué ») est plus efficace que tout réviser en une seule fois (cela s'appelle un « apprentissage massé »).

Bien dormir

Dormir suffisamment ! Plus d'heures de sommeil a la nuit de l'adolescent, mieux c'est...

Car le sommeil est un **moment où des connexions neuronales sont consolidées** et d'autres sont effacées. Le sommeil permet de consolider la mémoire des apprentissages. Mais il les construit aussi, en les triant et en les « accrochant » à d'autres. Et il en efface d'autres.

Il est donc une partie intégrante et importante de l'apprentissage.

Remarques

– Les récentes découvertes montrent que le sommeil permet également au cerveau de se nettoyer des toxines accumulées durant la journée.

– Les cellules cérébrales diminuent alors leur taille de 60 % pour que le nettoyage se fasse plus facilement (car élargissant ainsi les voies d'évacuation des déchets).

– **Pendant le sommeil, le cerveau est très actif**. Il rejoue également souvent en accéléré les événements de la journée qui vient de s'écouler.

– En moyenne, c'est une **nuit d'environ 8 à 9 heures qui est considérée comme pleinement réparatrice** pour un adolescent... Il est malheureusement rare de pouvoir le faire en semaine.

Éteindre les écrans une heure avant de s'endormir

Sinon, la lumière vive et particulière des écrans (tablettes, téléphones intelligents, etc.) fait croire au cerveau qu'il fait encore jour et dérègle la sécrétion de mélatonine (hormone du sommeil), retardant l'endormissement.

Aérer le plus souvent possible

Ainsi, nous faisons entrer de l'oxygène, indispensable pour le bon fonctionnement du cerveau et de l'apprentissage.

Rien qu'au repos, le cerveau consomme 20 % de l'oxygène reçu par le corps...

Corrigés

Page 14 – Le test

1. Oui ; • 6 personnes ; 2 femmes ; 2 hommes ; 2 enfants ; 4 personnes assises ; 2 personnes debout.

2. Oui ; • 2 chaises libres ; • oui (blanches) ; brun clair.

3. Les murs sont bleu clair ; • oui, une affiche.

4. Une femme assise lisait, un enfant assis bougeait ses pieds, un homme assis bâillait, un homme debout regardait sa montre, une enfant debout regardait par la fenêtre, une femme assise avait les mains sur ses genoux. • 3 bruns, 1 roux, 1 blonde et 1 aux cheveux blancs (gris) • 3 personnes avaient les cheveux courts • 4 personnes portaient des manteaux (3 manteaux et 1 blouson).

Page 16 – 1. Le jeu des 7 erreurs

Dans le dessin de droite, il y a un oiseau de plus, une rayure de plus sur le champ d'arrière-plan, il manque une petite branche à gauche dans l'arbre jaune, le champ de droite est rose, il y a un poil de plus sur la tête du chat, les yeux du chat ne regardent pas dans la même direction, une patte du chat a disparu.

2. Les conquêtes de César

1. b. 2. c. (on sait seulement qu'il s'était préparé comme un athlète) 3. a.

Page 17 – 3. Le tube à essai

B et D n'ont déjà pas les yeux à la même hauteur que le liquide. A et C, si. Mais seul A est du côté des graduations.... C va faire une erreur car l'eau va faire un « effet de loupe ». La bonne attitude est donc celle de l'élève A.

Page 25 – Je fais des colonnes

Fruits	**Sports**	**Pays**	**Boissons**
fraise	tennis	Allemagne	eau
pomme	football	France	vin
poire	rugby	Japon	café
banane	volley	Espagne	jus d'orange

Page 27 – Les pays d'Amérique centrale

Par exemple :

Beau **G**arçon **H**abitant **S**trasbourg **C**herche **P**etit **N**id
(**B**élize – **G**uatemala – **S**alvador – **C**osta-Rica – **P**anama – **N**icaragua).

ou

Patrick **S**uit **G**aiement **N**os **C**hers **H**éros **B**elges
(**P**anama -**S**alvador-**G**uatemala - **N**icaragua **-** **C**osta rica – **H**onduras - **B**élize).

Page 28 – 1. Figures géométriques

carré parallélogramme rectangle	losange triangle

On a donc fait le regroupement suivant :

$a \times b$ carré rectangle parallélogramme	$\frac{a \times b}{2}$ triangle losange

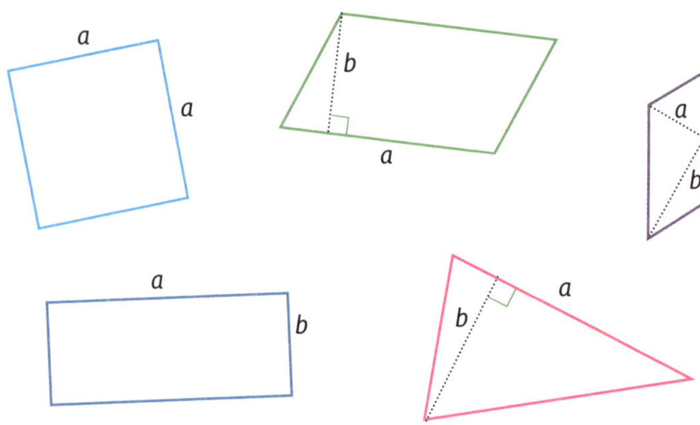

• Carré : $a \leftrightarrow$ côté.

• Rectangle : $a \leftrightarrow$ longueur, $b \leftrightarrow$ largeur.

• Parallélogramme : $a \leftrightarrow$ base, $b \leftrightarrow$ hauteur.

• Triangle : $a \leftrightarrow$ base, $b \leftrightarrow$ hauteur.

• Losange : $a \leftrightarrow$ petite diagonale, $b \leftrightarrow$ grande diagonale.

Page 30 – 2. Déclinaisons

Inf–pre–part	Inf–pre–part	Inf–pre–part
become – became – become come – came – come run – ran – run	cost – cost – cost cut – cut – cut hit – hit – hit hurt – hurt – hurt let – let – let put – put – put quit – quit – quit set – set – set shut – shut – shut	bring – brought – brought build – built – built burn – burnt – burnt buy – bought – bought catch – caught – caught dream – dreamnt – dreamnt feed – fed – fed feel – felt – felt fight – fought – fought find –found – found get – got – got have – had – had hear – heard – heard keep – kept – kept learn – learnt – learnt leave – left – left lose – lost – lost make – made – made meet – met – met pay – paid – paid say – said – said sell – sold – sold send – sent – sent shine – shone – shone shoot – shot – shot sleep – slept – slept smell – smelt – smelt win – won – won

Page 38. 1. Résolutions d'équations

1. $2x = 10 \Leftrightarrow x = \dfrac{10}{2} \Leftrightarrow x = 5.$

2. $3x = 7 \Leftrightarrow x = \dfrac{7}{3}.$

3. $-3x = 6 \Leftrightarrow x = -\dfrac{6}{3} \Leftrightarrow x = -2.$

4. $8x = 6 + 2x \Leftrightarrow 8x - 2x = 6 \Leftrightarrow 6x = 6 \Leftrightarrow x = 1.$

5. $12x + 3 = 8 - 7x \Leftrightarrow 12x + 7x = 8 - 3 \Leftrightarrow 19x = 5 \Leftrightarrow x = \dfrac{5}{19}.$

6. $\dfrac{3}{2}x - 5 = 6 \Leftrightarrow \dfrac{3}{2}x = 6 + 5 \Leftrightarrow \dfrac{3}{2}x = 11 \Leftrightarrow x = 11 \div \dfrac{3}{2} \Leftrightarrow x = \dfrac{22}{3}.$

7. $\frac{2}{5}x = 3 + \frac{1}{4}x \Leftrightarrow \frac{2}{5}x - \frac{1}{4}x = 3 \Leftrightarrow \frac{2 \times 4}{5 \times 4}x - \frac{1 \times 5}{4 \times 5}x = 3 \Leftrightarrow \frac{8}{20}x - \frac{5}{20}x = 3$

$$\Leftrightarrow \frac{3}{20}x = 3 \Leftrightarrow x = 3 \div \frac{3}{20} \Leftrightarrow x = 20.$$

Page 40 – 2. Triangles

Étape 1

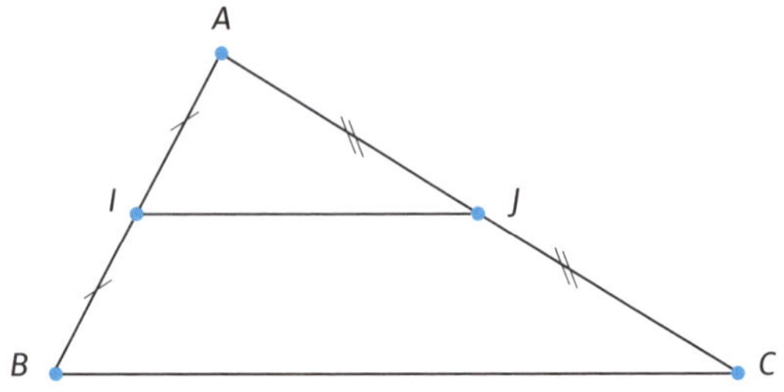

Dans mon triangle *ABC*, la droite (*IJ*), qui passe par les milieux *I* et *J* des deux côtés [*AB*] et [*AC*], est parallèle au troisième côté [*BC*].

Étape 2

1. Dans le triangle *IJK*, je sais que les points *M* et *N* sont les milieux des deux côtés [*IJ*] et [*IK*].

Conclusion : je peux dire que la droite (*MN*) est parallèle au troisième côté [*IK*].

2. Dans le triangle *IJK*, je sais que les points *M* et *O* sont les milieux des deux côtés [*IJ*] et [*IK*].

Conclusion : je peux dire que la droite (*MO*) est parallèle au troisième côté [*JK*].

Page 54 – 1. Les Étrusques

Étape 1 : la ville que construisent les Étrusques.

Étape 2 : par exemple : le Forum, l'égout, le pont, le port, le temple, le cirque, etc.

Étape 3 : « pont » ou « cirque » ou « royaume » ou « port » ou « sept collines » ou tout autre mot qui figure dans le texte ou pas du tout. Ou tout autre dessin que tu peux faire toi-même, même mal fait (ça n'a strictement aucune importance pour le cerveau. Car il sait ce que tu as voulu dire !).

Page 63 – Je fais une carte mentale.

Par exemple :

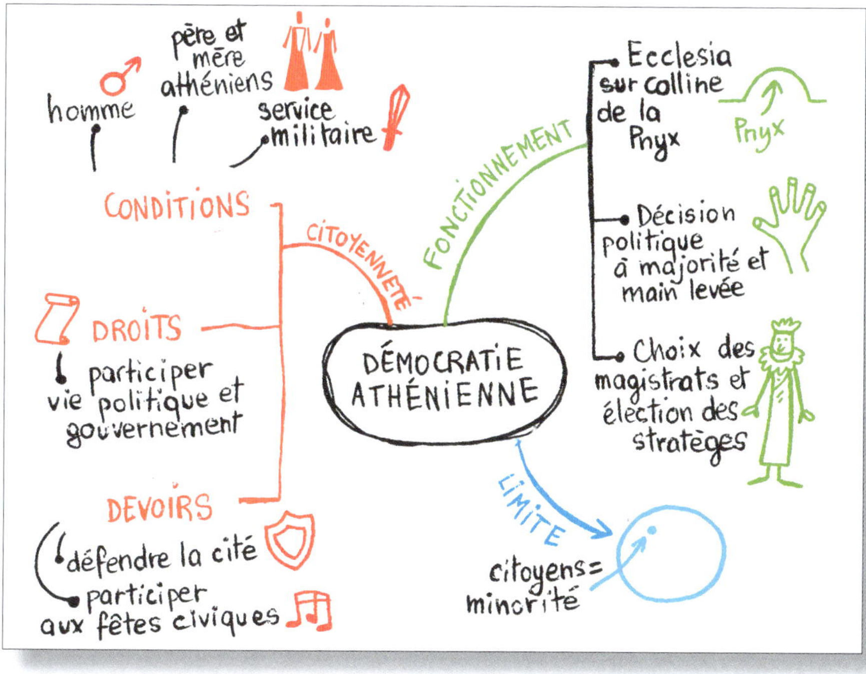

Page 73 – Je segmente pour faire un résumé

Par exemple :

1. Les relations entre Louis XIV et ses ministres

Les ministres préparent les dossiers pour que le roi puisse prendre sa décision, puis ils appliquent cette décision. Le roi demande conseil à ceux qui ont gagné sa confiance.

2. Les relations entre Louis XIV et les nobles ainsi que les administrateurs

Louis XIV se méfie de la haute noblesse et la garde auprès de lui à la Cour. Les vraies responsabilités sont confiées à l'administration, dont les postes importants sont pourvus sur décision du roi.

Page 74 – Je segmente pour relire ma copie

1er filtre : Oui.

2e filtre : • Oui. • Non. • 15 min ↔ $\frac{1}{4}$ h. • $3 + \frac{1}{4} + 4 = \frac{12}{4} + \frac{1}{4} + \frac{16}{4} = \frac{29}{4}$ soit 7,25.

3e filtre : • Par exemple Il a parcouru..., le résultat est..., le total est..., ce qui donne...
• Non.

Par exemple :
Pour calculer la durée du trajet, je convertis toutes les durées dans la même unité.

15 min ↔ $\frac{1}{4}$ h. Le trajet a duré : $3 + \frac{1}{4} + 4 = \frac{12}{4} + \frac{1}{4} + \frac{16}{4} = \frac{29}{4} = 7{,}25$ h.

(*Ou* $3 + \frac{1}{4} + 4 = 7 + 0{,}25 = 7{,}25$.)

Pendant ce temps, le cycliste a parcouru : 70 + 90 = 160 km.
En 7,25 h le cycliste a parcouru 160 km, donc, en 1 h, il parcourt 160 ÷ 7,25 ≈ 22,07.
Sa moyenne est donc d'environ 22,07 km/h.

Page 86 – Le test

Étape 2

1. César a plusieurs rivaux, dont Pompée. **2.** En rentrant en Italie, César déclenche une guerre civile. **3.** Avant de rentrer en Italie, César réfléchit (au moment de franchir le Rubicon) et pèse le pour et le contre. **4.** Pompée avait plus de soldats que César mais était mal informé et a eu peur de ce qu'on lui annonçait.

Étape 3

1. Pompée. **2.** La guerre civile. **3.** Le Rubicon. **4.** Parce qu'il a eu peur.

Page 89 – À propos des Gaulois

• Le texte parle des Gaulois.
• Ils ont appris à cultiver la terre (la vigne, l'olivier), à entourer les villes de remparts, à respecter des lois.
• En Gaule.
• Dans l'Antiquité, vers 600 avant J.-C.

Page 89 – 1. Rénovation

1. • Combien va coûter **la tapisserie** ?
• Combien va coûter **le carrelage** ?
• Combien va coûter **la main-d'œuvre** ?

2. 11,5 × 8 = 92. La tapisserie va coûter 92 €.
15 × 30 = 450. Le carrelage va coûter 450 €.
12 × 45 = 540. La main-d'œuvre va coûter 540 €.
92 + 450 + 540 = 1082. Les travaux vont coûter 1082 € en tout.

Page 90 – 2. Médiatrices

1. *OA* = *OB*, car la médiatrice de [*AB*] est la droite perpendiculaire au **milieu** de [*AB*]. Tous les points de cette médiatrice sont à égale distance du point *A* et du point *B*.

$OB = OC$, car la médiatrice de $[BC]$ est la droite perpendiculaire au **milieu** de $[BC]$. Tous les points de cette médiatrice sont à égale distance du point B et du point C.

$OA = OB$ et $OB = OC \Rightarrow OA = OC$.

2. Puisque $OA = OC$, le point O est à égale distance du point A et du point C, donc il appartient à la médiatrice de $[AC]$.

Page 91 – 3. En train…

1. Il y a plus de passagers dans le train quand il démarre de Lyon que quand il est arrivé à Lyon car $(-22) + (31) = +9$. Il y a 9 passagers de plus.

2 Il y a moins de passagers dans le train quand il démarre de Valence que quand il est arrivé à Valence car $(-40) + (10) = -30$. Il y a 30 passagers de moins.

3. Combien de passagers arrivent à Montpellier ?

$230 + 9 - 30 = 209$. Le train contient 209 passagers lorsqu'il arrive à Montpellier.

Page 96 – Le test

Les objets ou personnages insolites : un fer à repasser • un arbre • un hamburger • une baleine • un ballon de foot • une fusée • un zèbre • une raquette de tennis • un crocodile.

Page 98 – 1. Les bidons

$40 \times \frac{20}{100} = \frac{800}{100} = 8$. Il y a 8 litres d'oxygène dans le bidon.

Ce zoo contient 40 lions dont 20 % de mâles. Combien de lions mâles se trouvent dans ce zoo ?

$40 \times \frac{20}{100} = \frac{800}{100} = 8$. Il y a 8 lions mâles dans ce zoo.

Page 98 – 2. Les cravates

$80 - 60 = 20$. $\frac{20}{60} = \frac{1}{3} \approx 0,33$.

La marge que compte appliquer ce commerçant est d'environ 33 %.

Ce restaurant attend 60 clients. Mais en fait, il reçoit 80 cleints. Quel est, en pourcentage, la hausse que cela représente ?

$80 - 60 = 20$. $\frac{20}{60} = \frac{1}{3} \approx 0,33$.

La hausse de fréquentation est d'environ 33 %.

Crédits photo : p. 7 : Acquansù • p. 19 : Acquansù, d'après le *Vase de Rubin* • p. 23-25-26-27 : Getty Image / Thinkstock / Coll. iStock • p. 78 : Acquansù.

Mise en page et suivi éditorial : Acquansù.
Illustrations : Vivilablonde.

IMPRIM'VERT®

Imprimé en France par SEPEC à Péronnas
N° d'imprimeur : 01662160750 - Dépôt légal : octobre 2015
N° d'édition : 70119363-04/Juil2016